Inédito

QUINO

Inédito

SPUT!!

Lumen

Quino inédito

Primera edición en México: octubre, 2023

D. R. © 2023, sucesores de Joaquín Salvador Lavado (Quino)

D. R. © 2023, derechos exclusivos para México
y no exclusivos Estados Unidos, Puerto Rico y todos los países de Centroamérica
Penguin Random House Grupo Editorial, S. A. de C. V.
Blvd. Miguel de Cervantes Saavedra núm. 301, 1er piso,
colonia Granada, alcaldía Miguel Hidalgo, C. P. 11520,
Ciudad de México

penguinlibros.com

ISBN: 978-607-383-397-4

Impreso en México – *Printed in Mexico*

San Jorge y el Dragón

Versión Siglo XXI

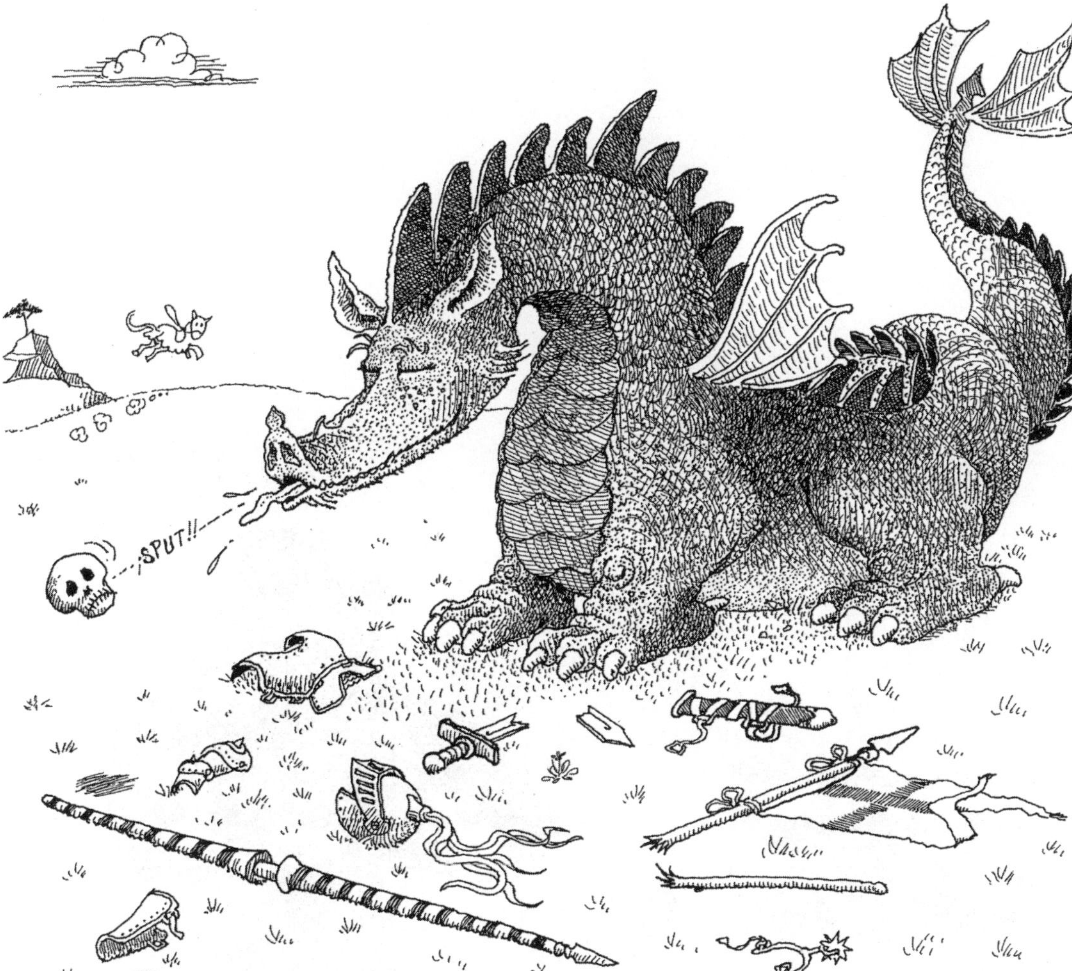
¡SPUT!!

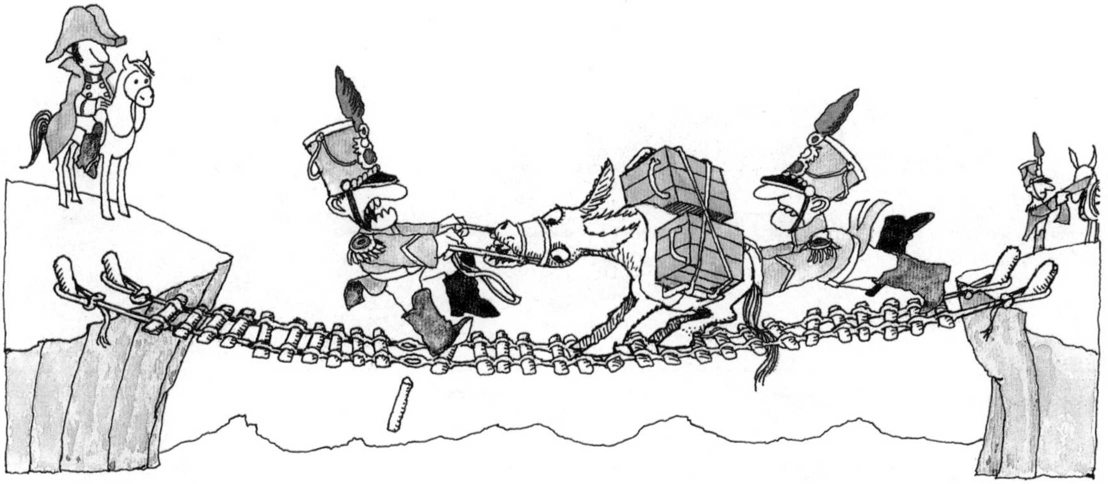

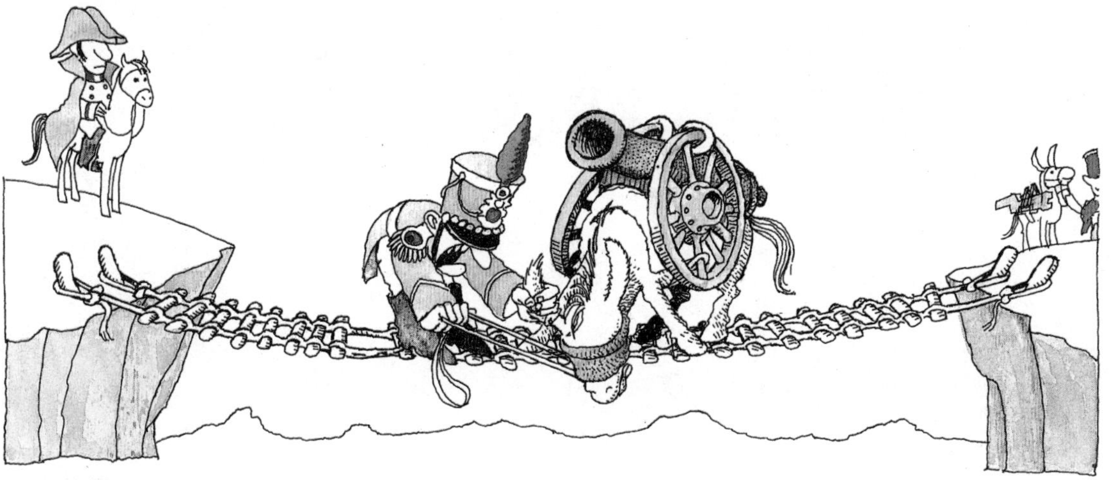

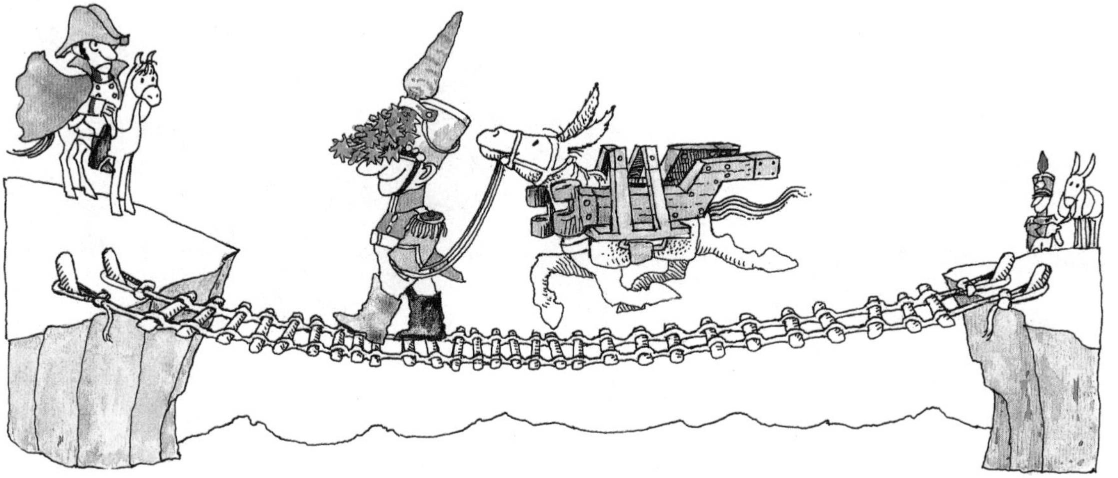

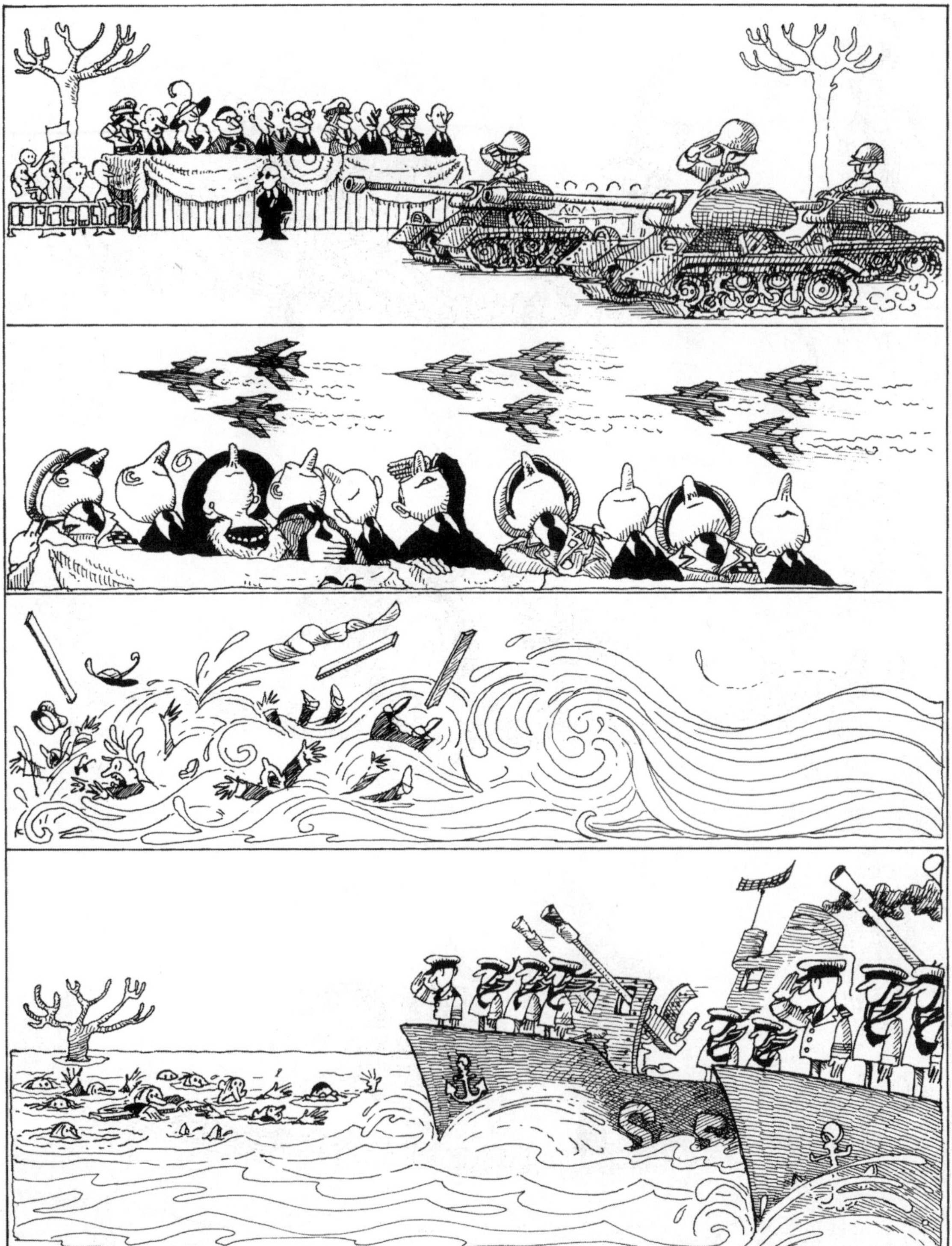

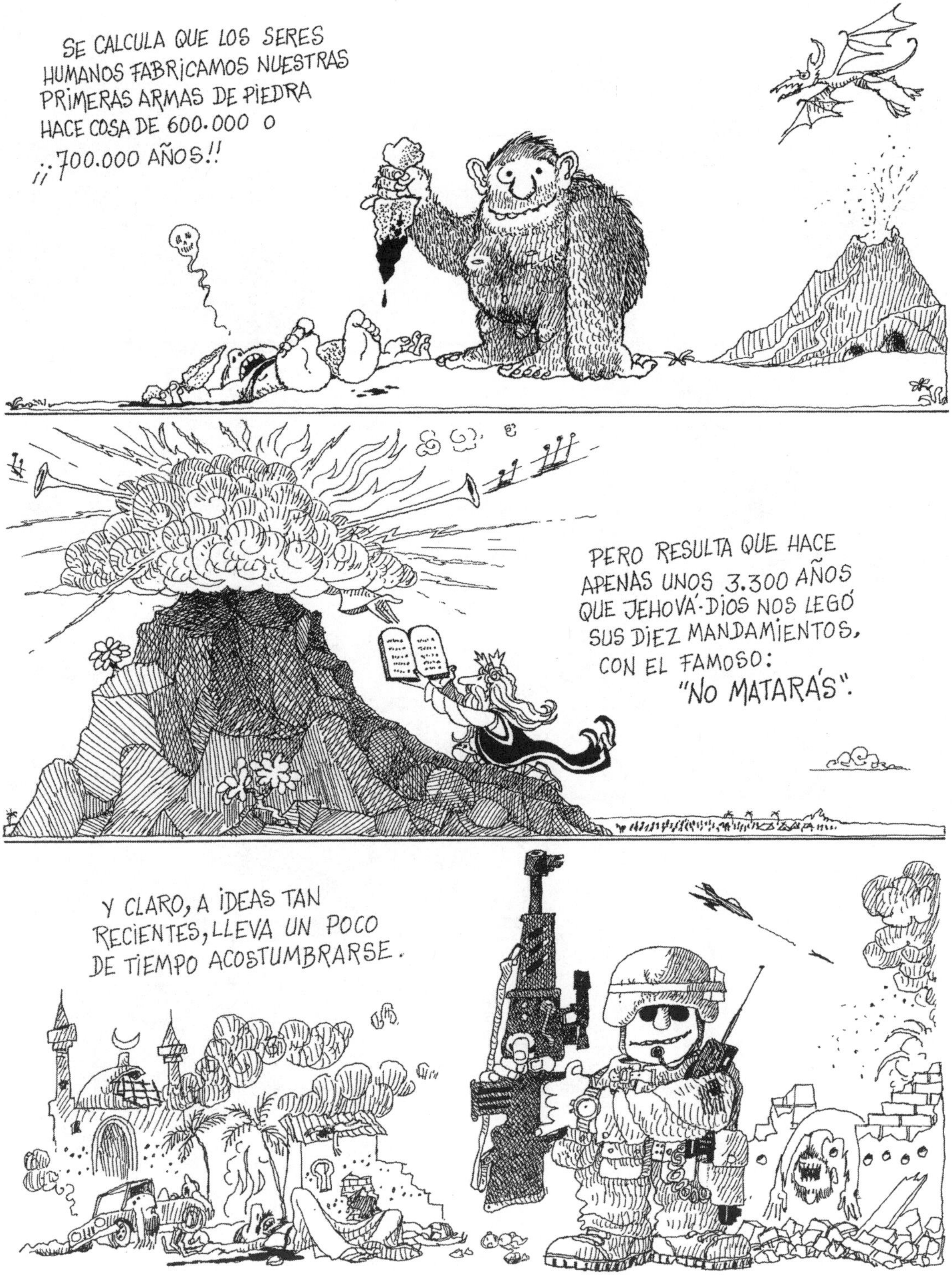
SE CALCULA QUE LOS SERES HUMANOS FABRICAMOS NUESTRAS PRIMERAS ARMAS DE PIEDRA HACE COSA DE 600.000 O ¡¡.700.000 AÑOS!!
PERO RESULTA QUE HACE APENAS UNOS 3.300 AÑOS QUE JEHOVÁ-DIOS NOS LEGÓ SUS DIEZ MANDAMIENTOS, CON EL FAMOSO: "NO MATARÁS".
Y CLARO, A IDEAS TAN RECIENTES, LLEVA UN POCO DE TIEMPO ACOSTUMBRARSE.

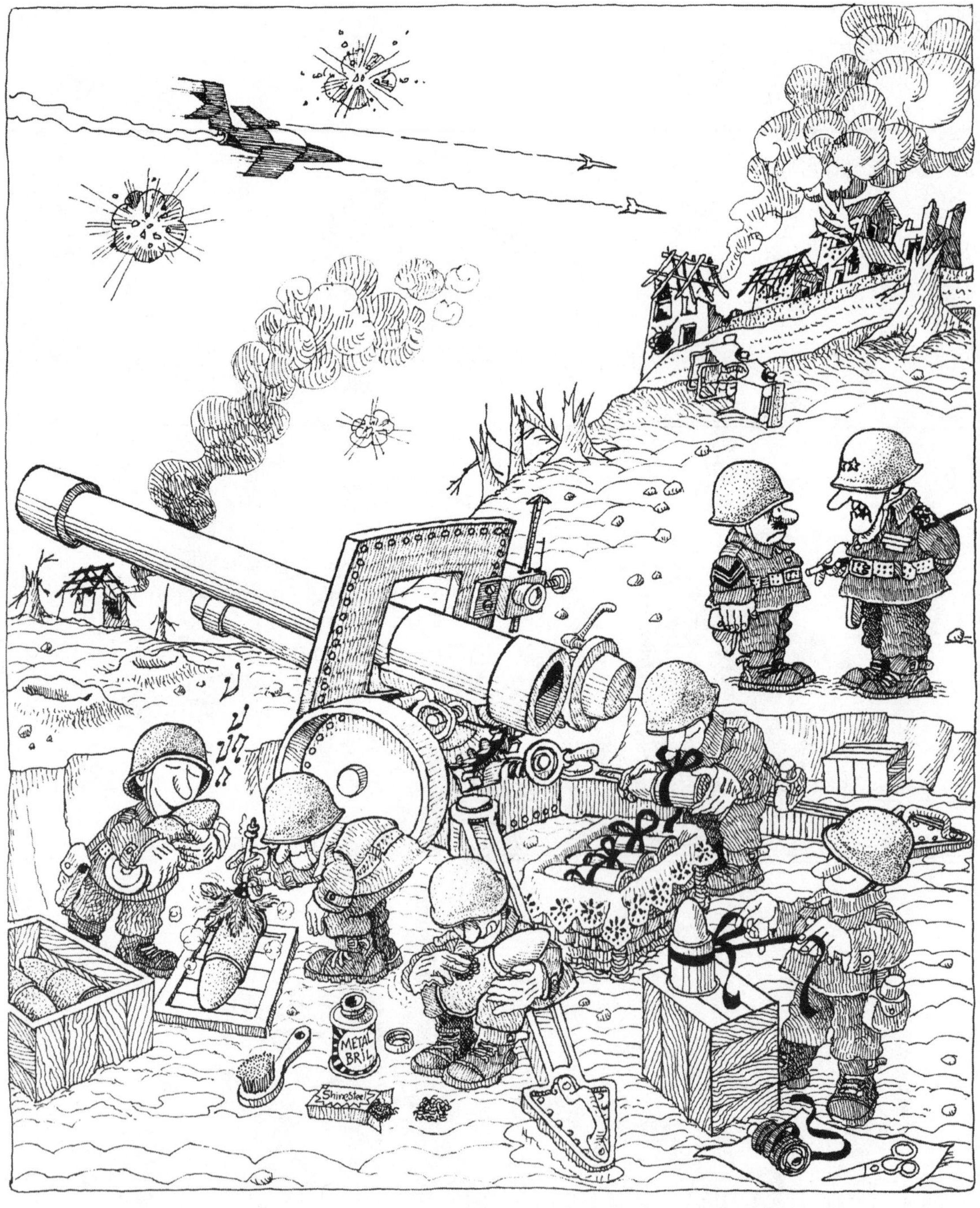
METAL BRIL
Shinesteel

—¡INTUYO, SARGENTO, QUE USTED NO HA SABIDO TRANSMITIR CORRECTAMENTE AL PERSONAL LA ESTRICTA ORDEN DE CUIDAR AL MÁXIMO LA MUNICIÓN!

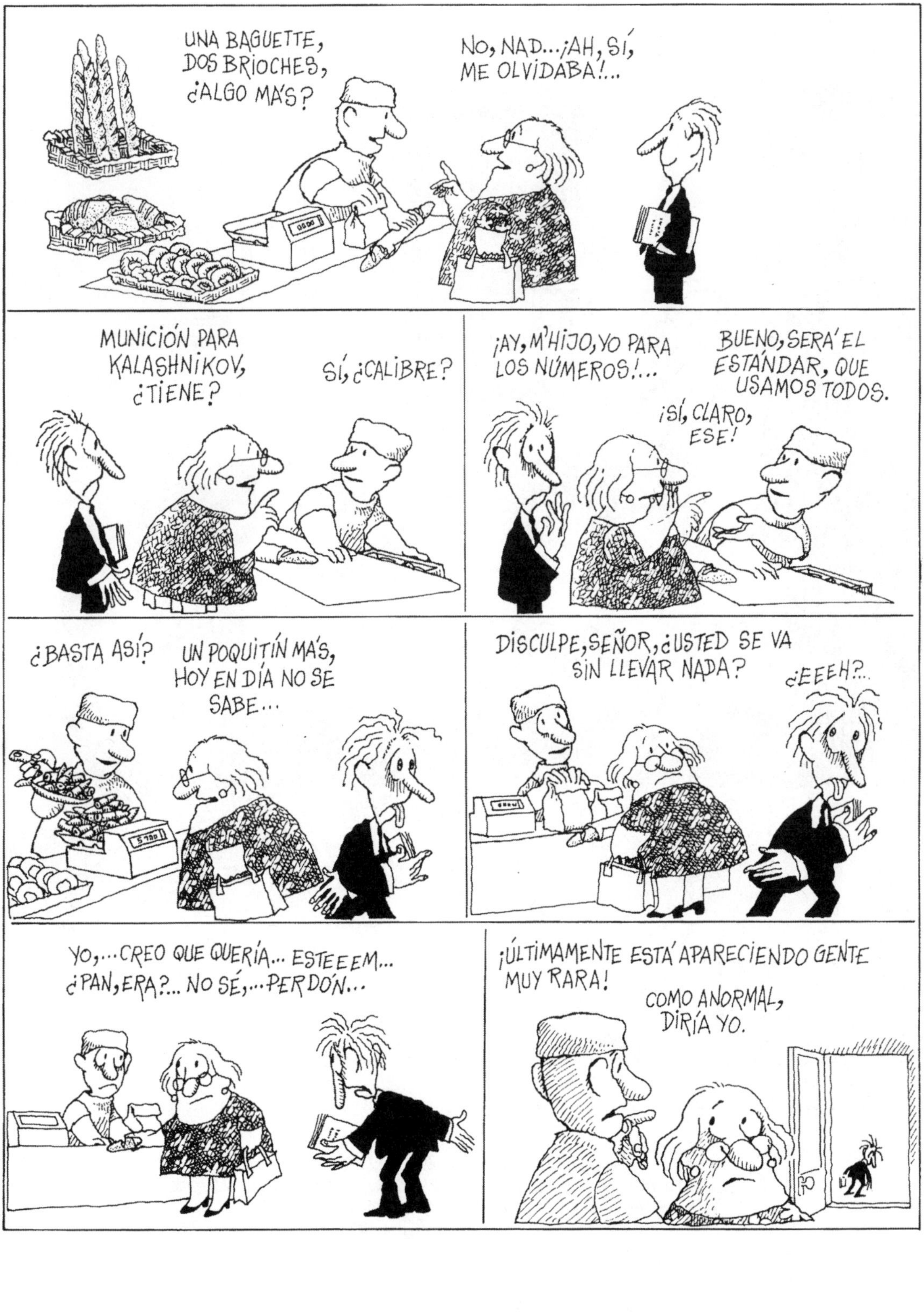
UNA BAGUETTE, DOS BRIOCHES, ¿ALGO MÁS?
NO, NAD... ¡AH, SÍ, ME OLVIDABA!...
MUNICIÓN PARA KALASHNIKOV, ¿TIENE?
SÍ, ¿CALIBRE?
¡AY, M'HIJO, YO PARA LOS NÚMEROS!...
BUENO, SERÁ EL ESTÁNDAR, QUE USAMOS TODOS.
¡SÍ, CLARO, ESE!
¿BASTA ASÍ?
UN POQUITÍN MÁS, HOY EN DÍA NO SE SABE...
DISCULPE, SEÑOR, ¿USTED SE VA SIN LLEVAR NADA?
¿EEEH?...
YO,... CREO QUE QUERÍA... ESTEEEM... ¿PAN, ERA?... NO SÉ,... PERDÓN...
¡ÚLTIMAMENTE ESTÁ APARECIENDO GENTE MUY RARA!
COMO ANORMAL, DIRÍA YO.

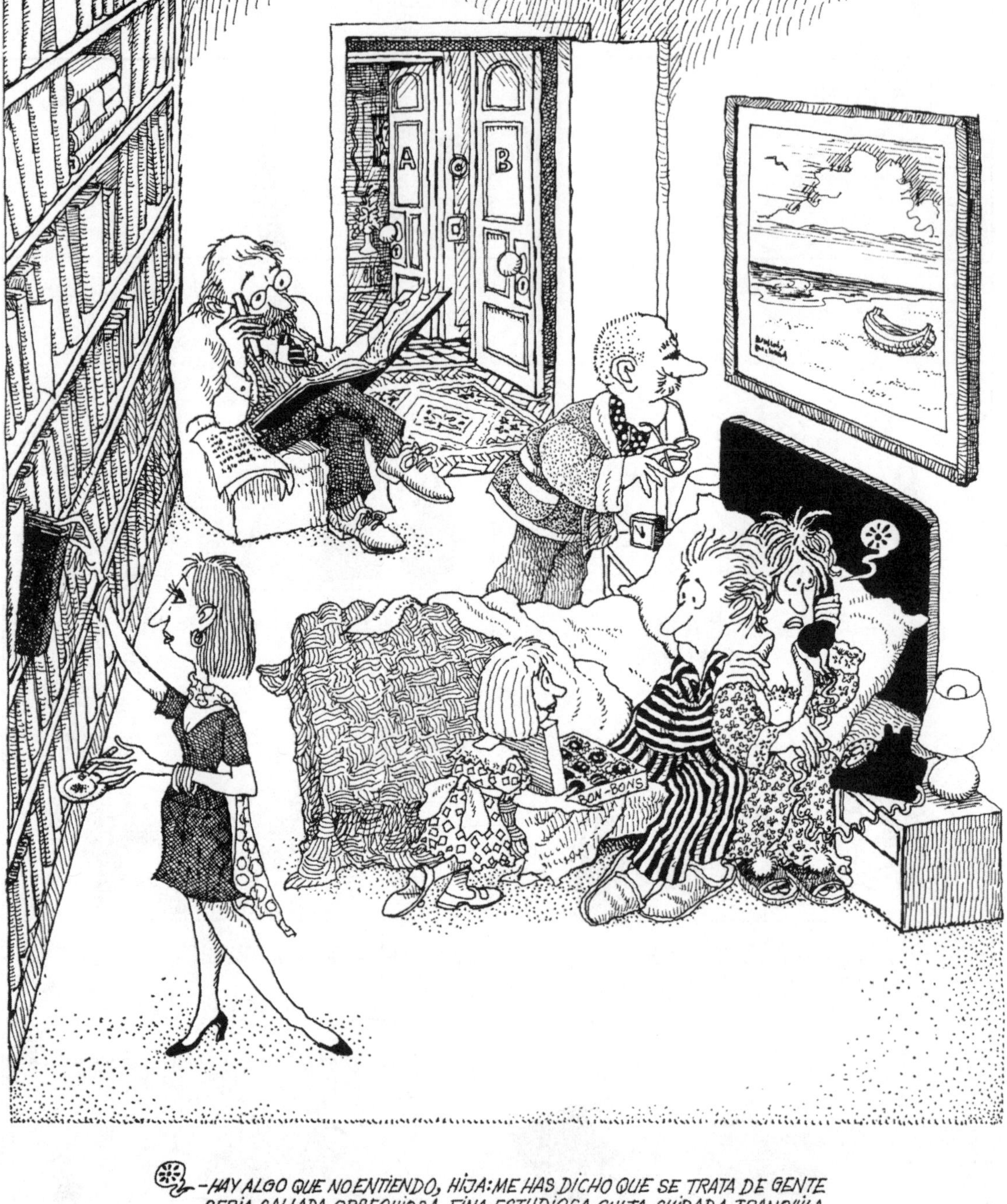
A
B
BON-BONS

—HAY ALGO QUE NO ENTIENDO, HIJA: ME HAS DICHO QUE SE TRATA DE GENTE SERIA, CALLADA, OBSEQUIOSA, FINA, ESTUDIOSA, CULTA, CUIDADA, TRANQUILA, ORDENADA, SILENCIOSA... ¿QUÉ SIGNIFICA, AHORA, QUE SON VECINOS MOLESTOS? ¡¿PERSONAS ASÍ VECINOS MOLESTOS?!... ¿MOLESTOS CÓMO, HIJA?

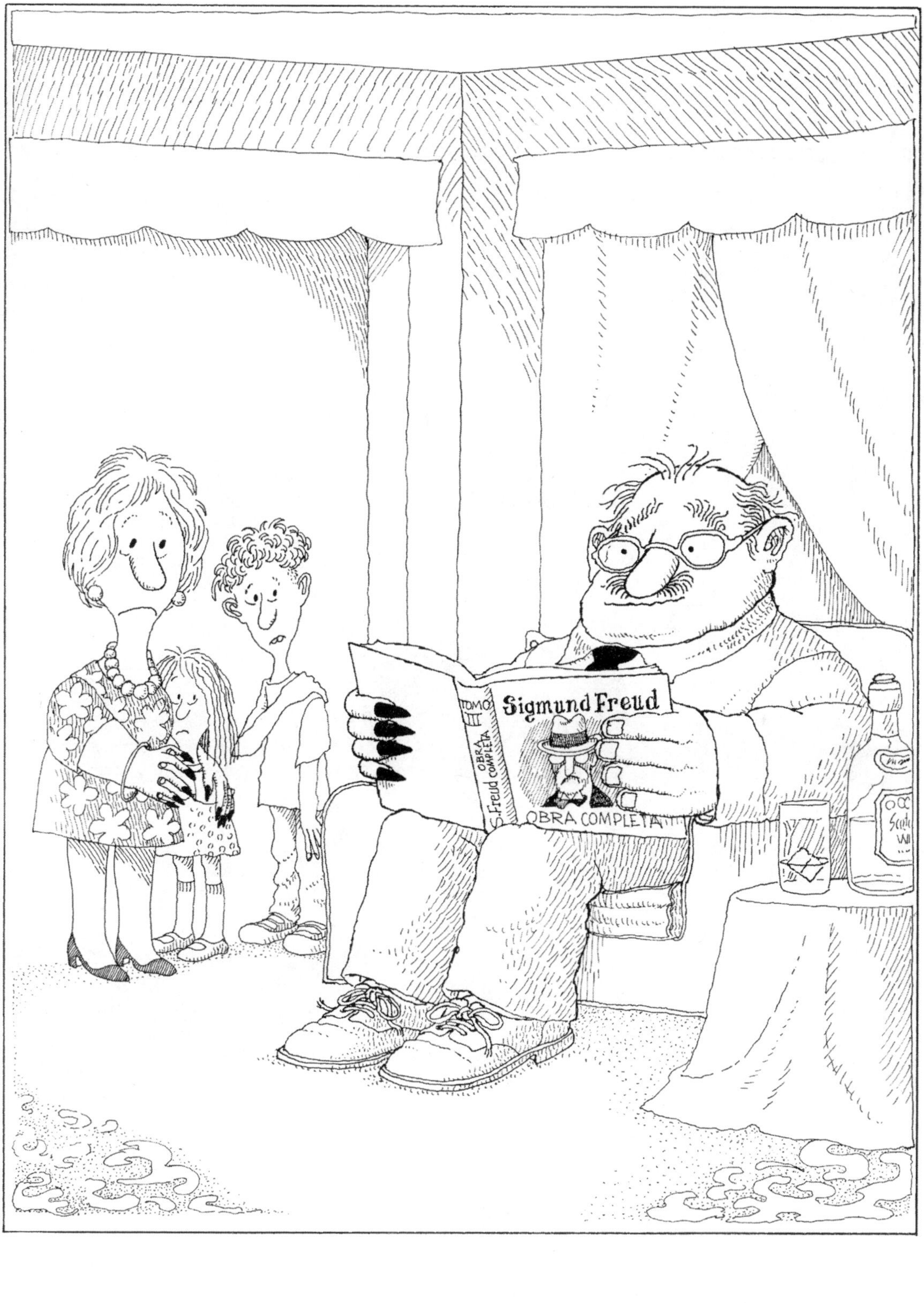
Sigmund Freud
OBRA COMPLETA
TOMO III
S.Freud OBRA COMPLETA

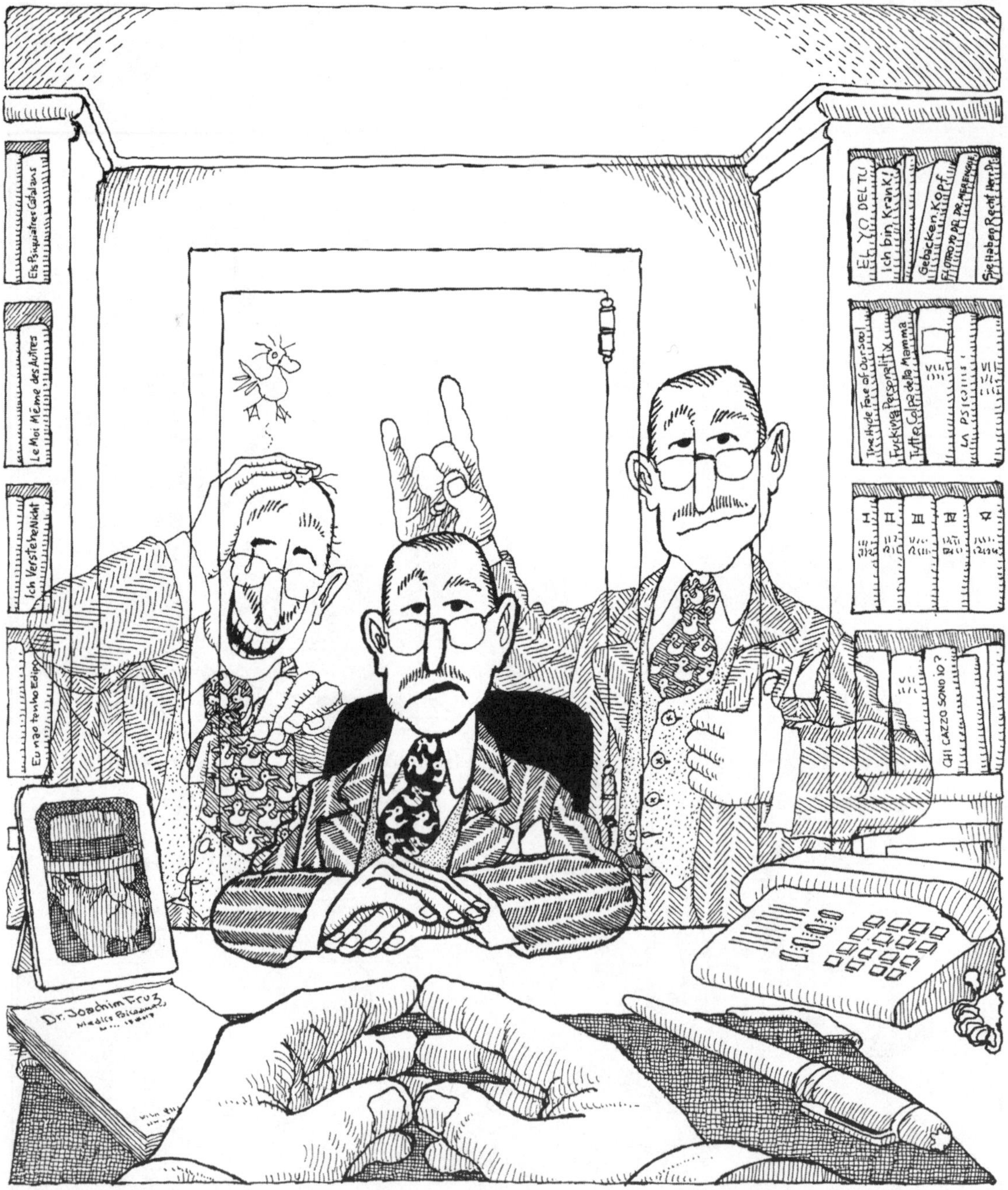
Els Psiquiatres Catalans
Le Moi Même des Autres
Ich Verstehe Nicht
EL YO DEL TU
Ich bin Krank!
Gebacken Kopf
Sie Haben Recht Herr Dr.
Fucking Personality
Tutta Colpa della Mamma
CHI CAZZO SONO IO?
Dr. Joachim Fruz

~VEA, DOCTOR, YO VENGO A CONSULTARLO POR UN AMIGO; QUISIERA SABER SI, DENTRO DE LAS MÚLTIPLES FACETAS DE LA PERSONALIDAD HUMANA, ES NORMAL QUE UN HOMBRE SERIO Y RESPETABLE COMO ES ÉL TENGA POR MOMENTOS CIERTA TENDENCIA A MOSTRAR FRENTE A LOS DEMÁS UNA IMAGEN DIRÍA VULGAR Y DESVALORIZANTE DE SÍ MISMO.

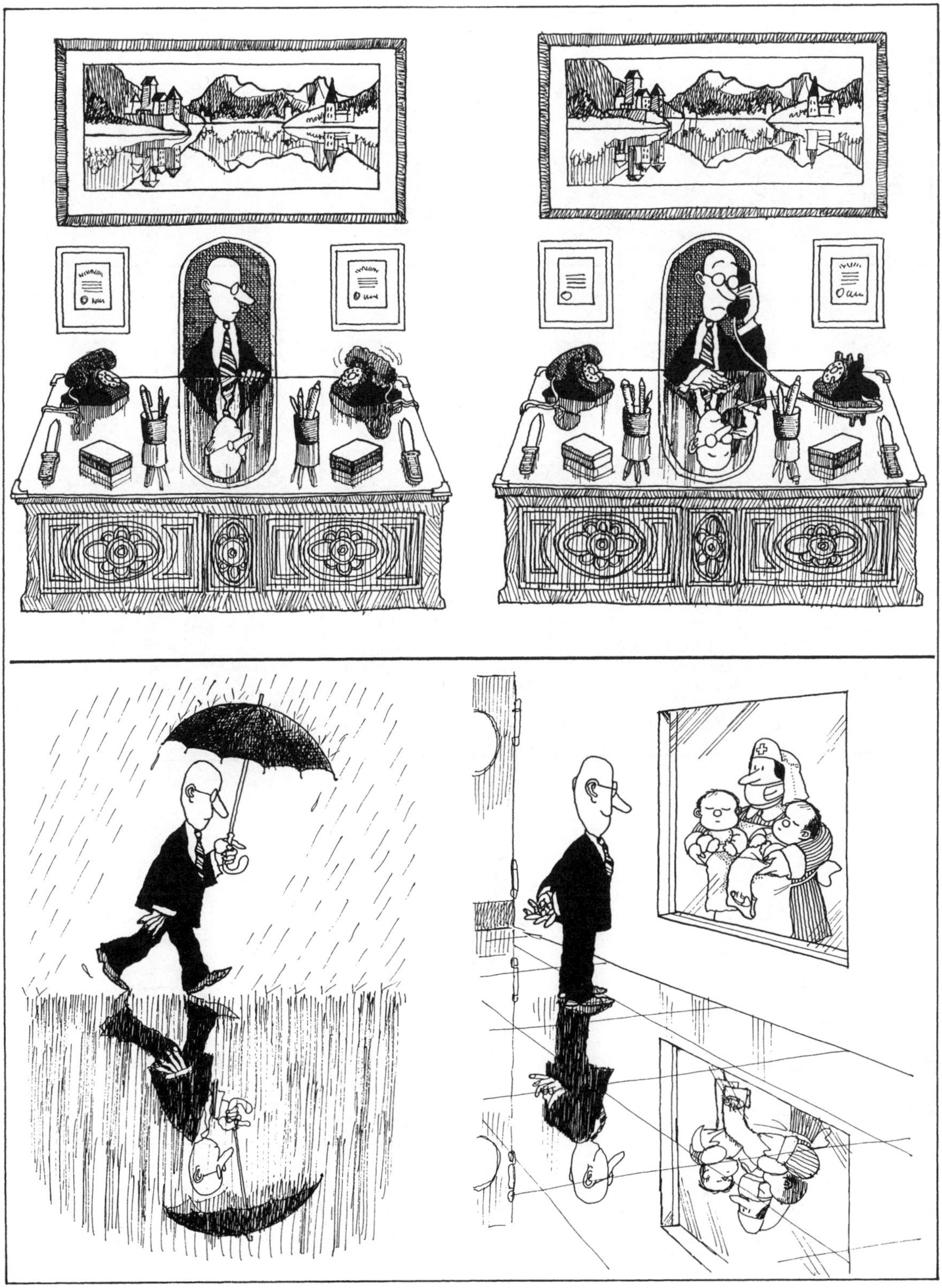

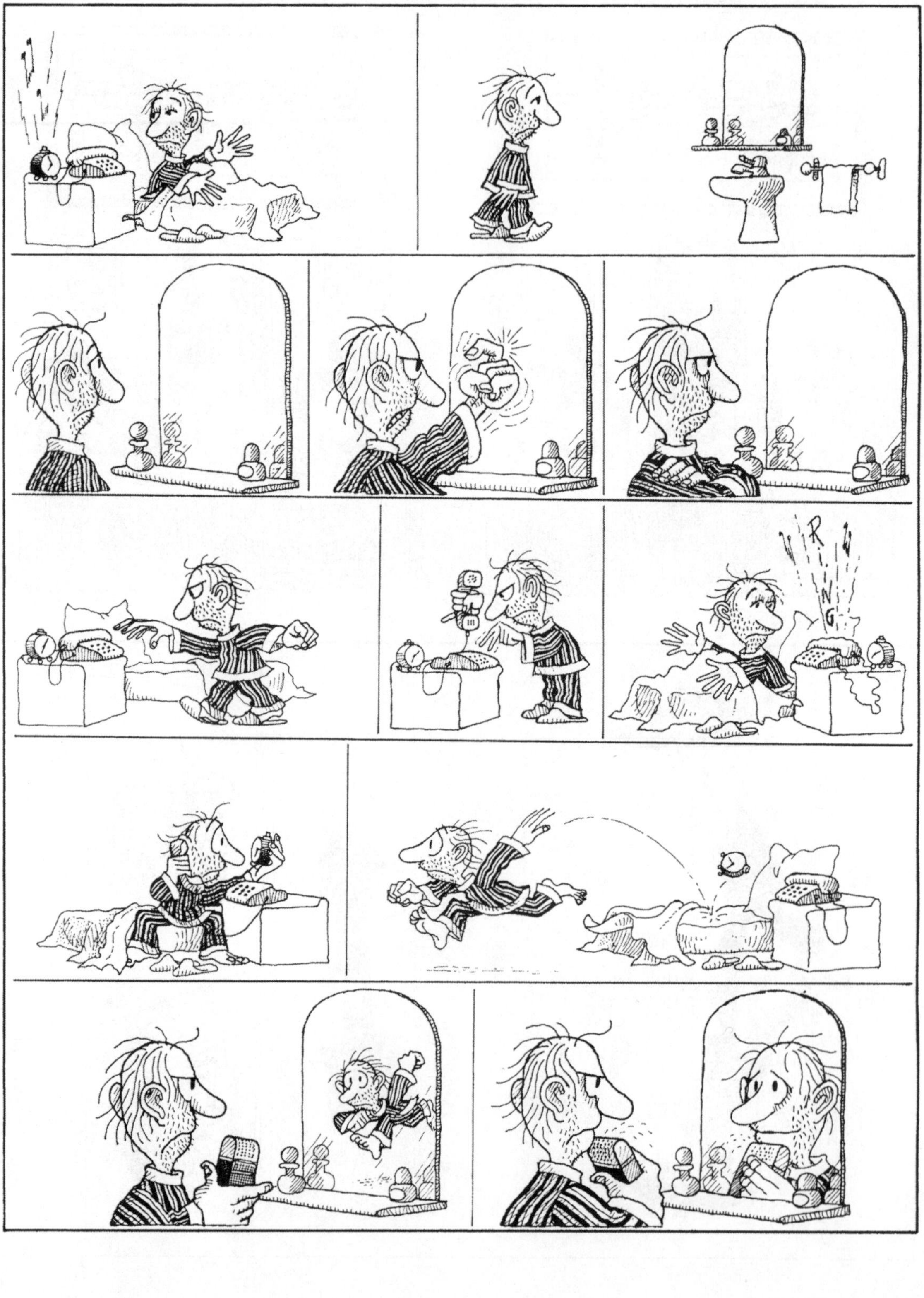
RiiNG

¡FFFSSSGHT!!

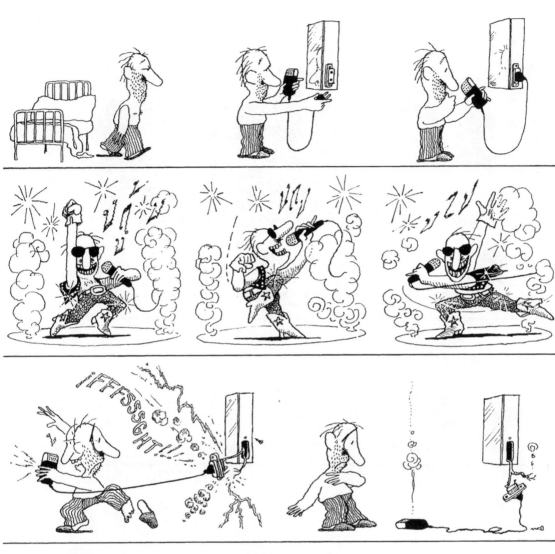

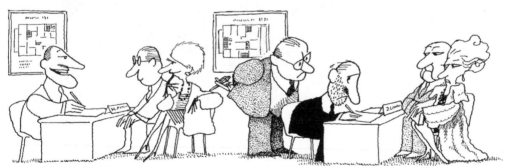

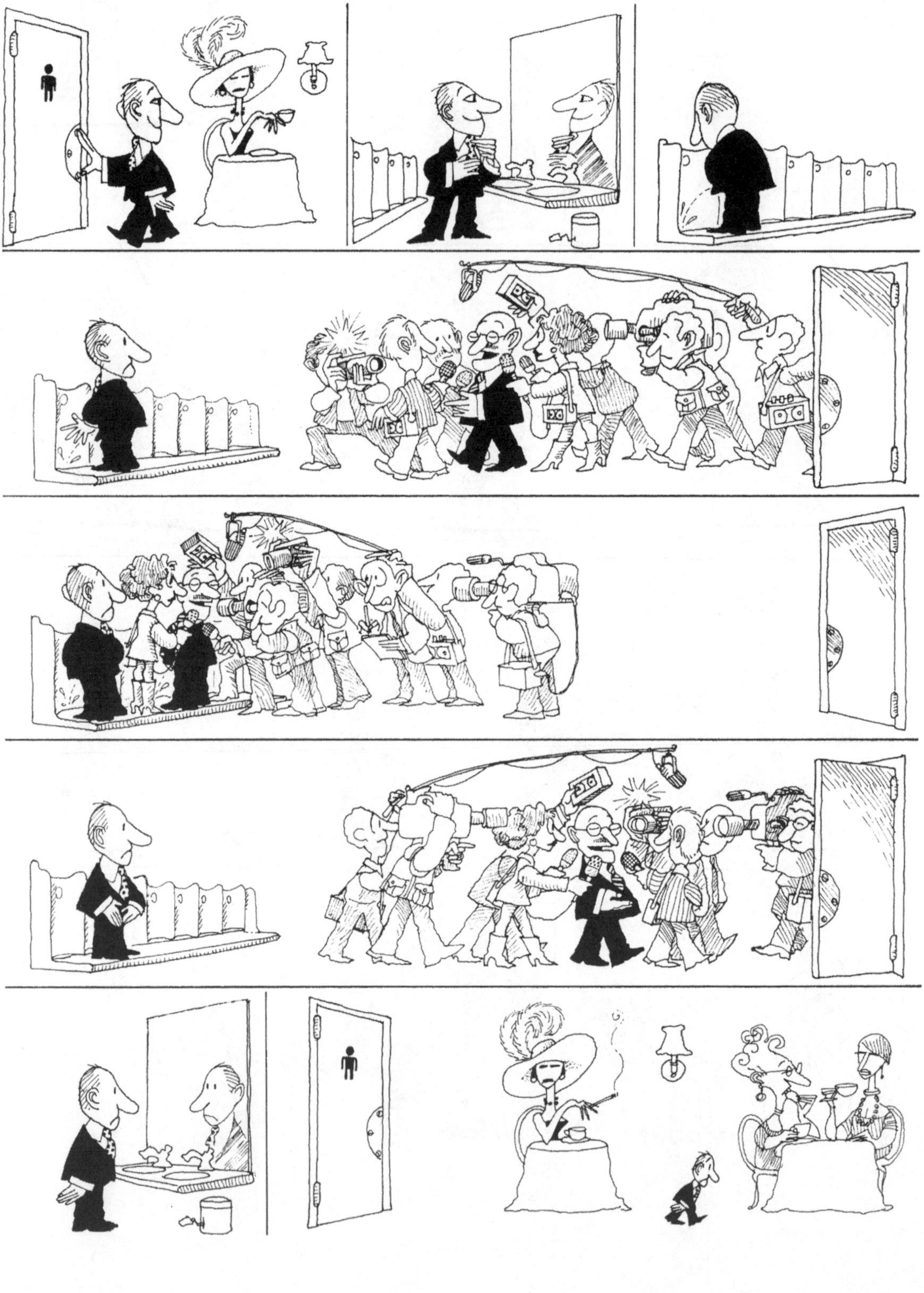

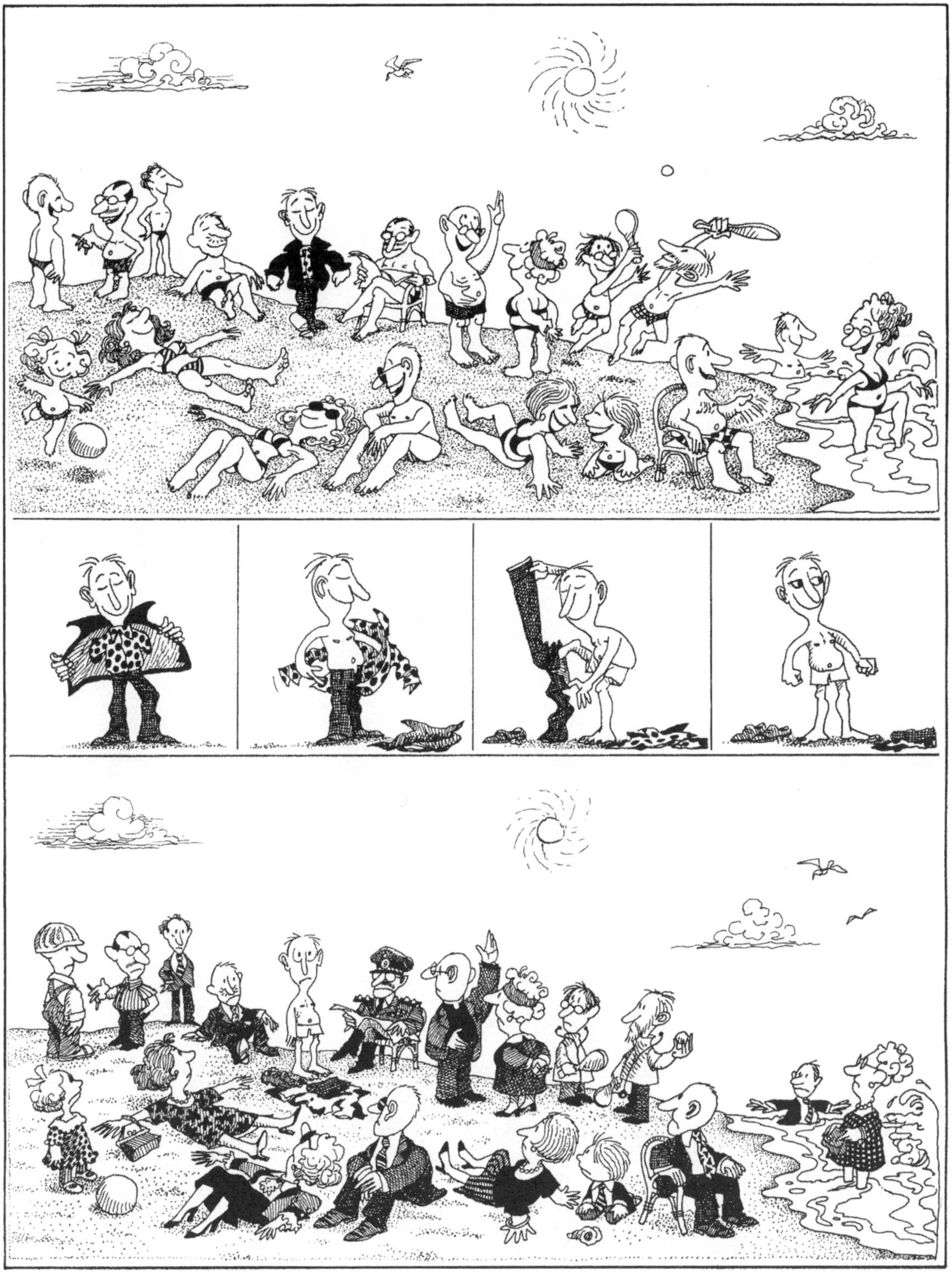

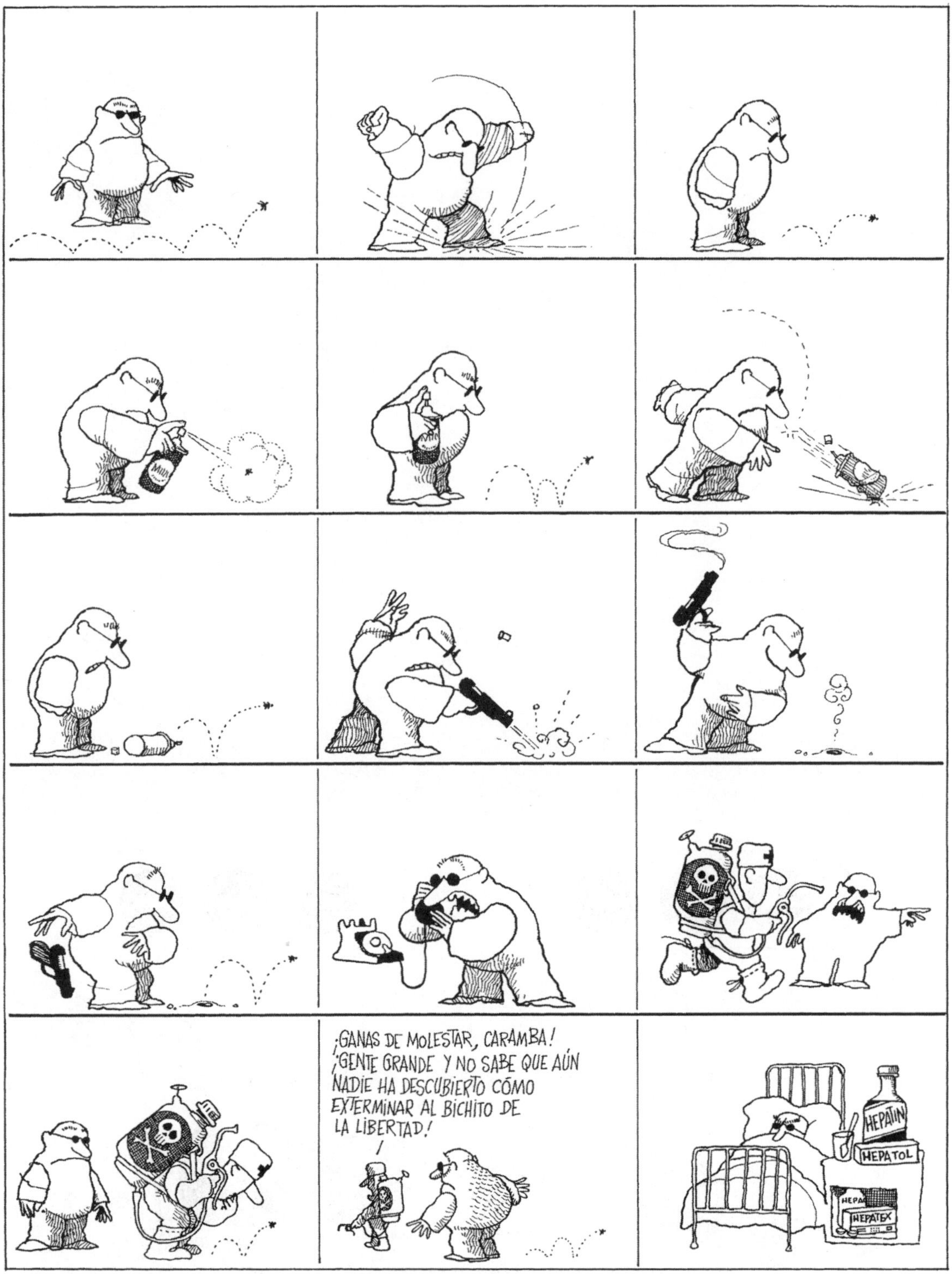
¡GANAS DE MOLESTAR, CARAMBA!
¡GENTE GRANDE Y NO SABE QUE AÚN NADIE HA DESCUBIERTO CÓMO EXTERMINAR AL BICHITO DE LA LIBERTAD!
HEPATIN
HEPATOL
HEPATEX

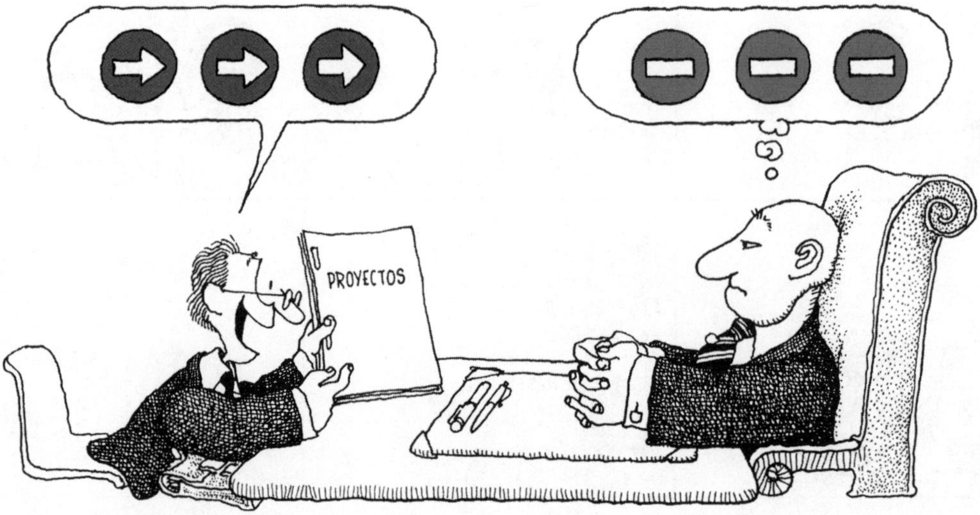
PROYECTOS

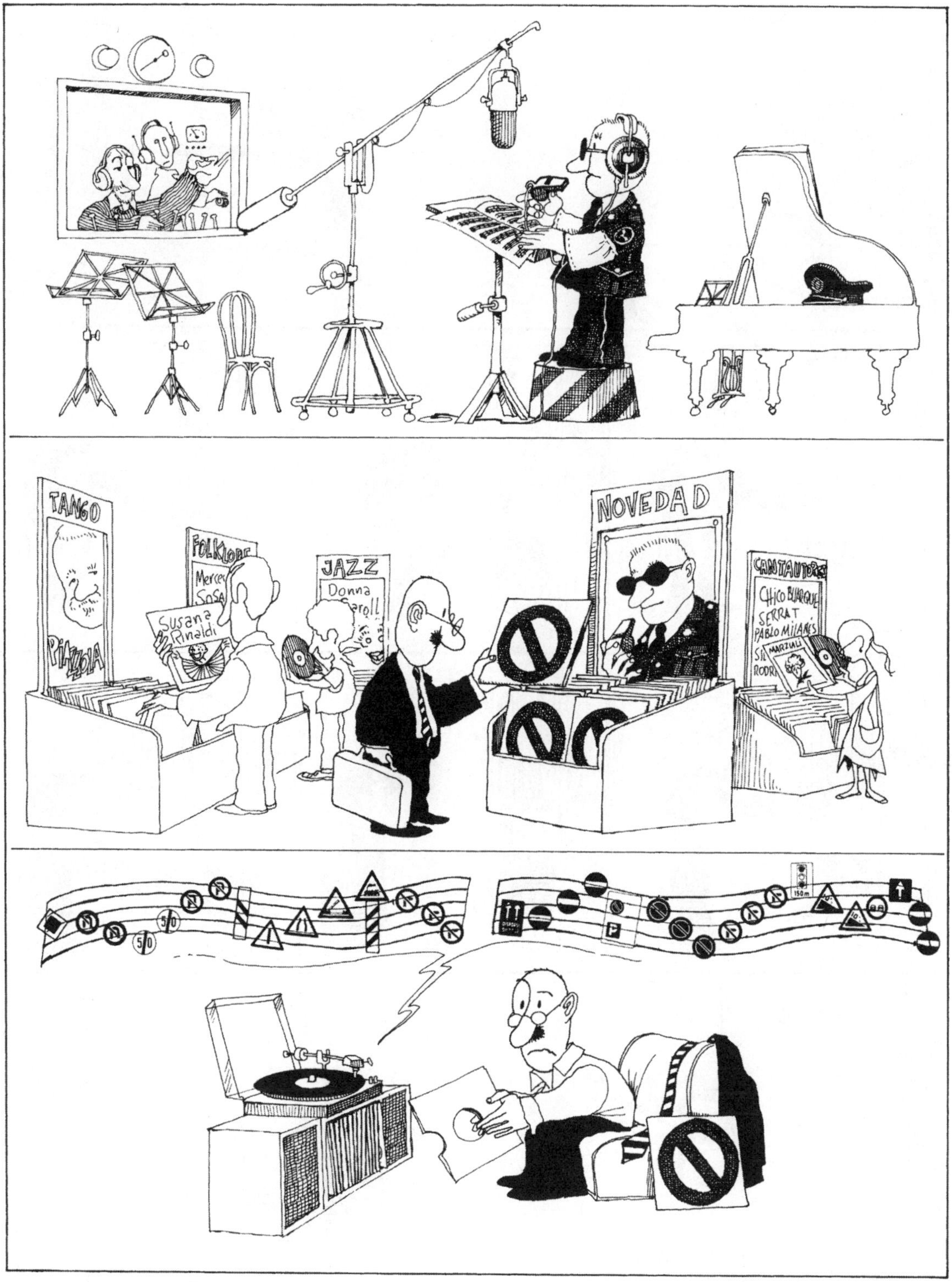
TANGO
PIAZZOLA
Susana Rinaldi
JAZZ
Donna
NOVEDAD
CANTAUTORES
CHICO BUARQUE
SERRAT
PABLO MILANÉS
MARZIALI

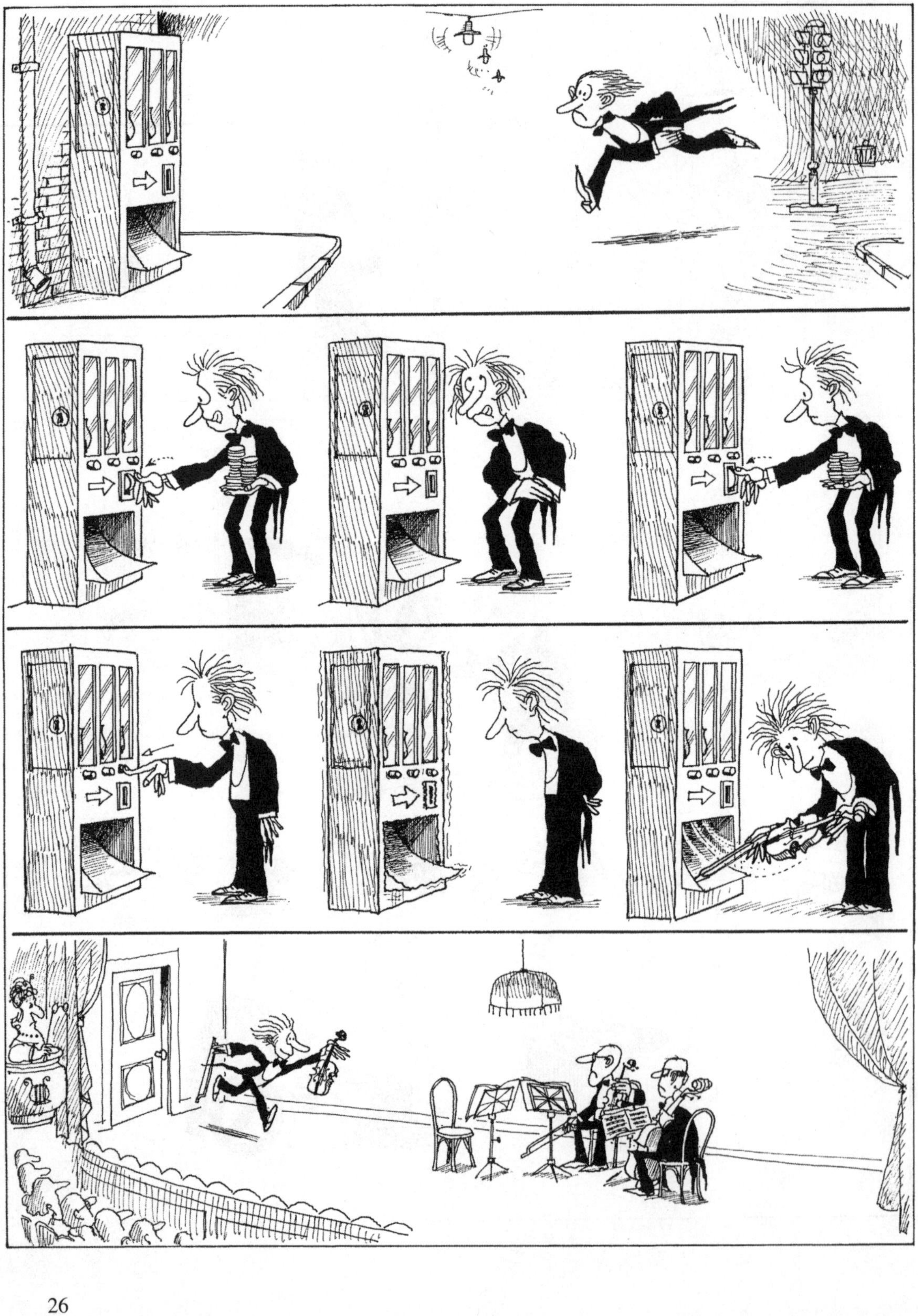

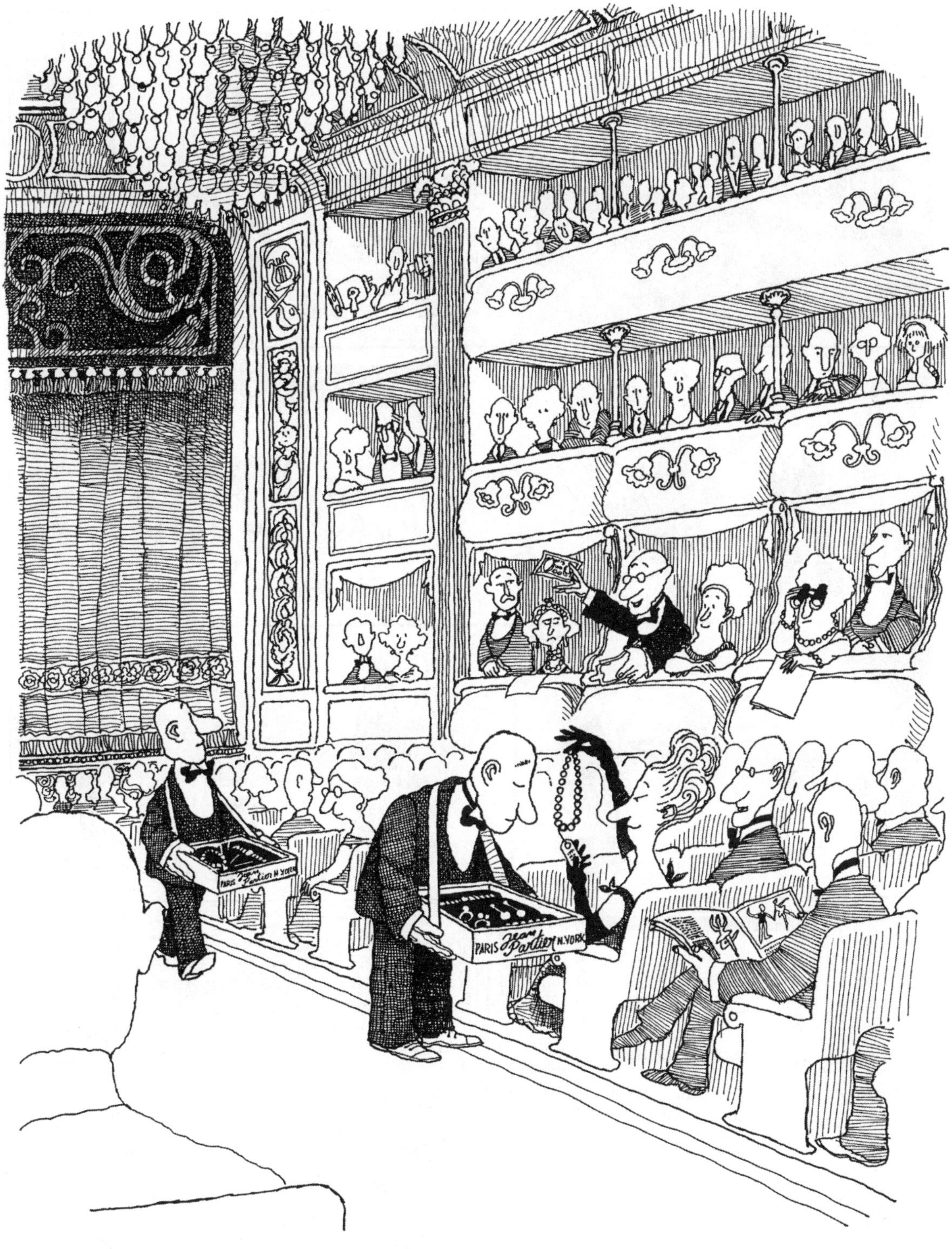
PARIS Jean Partier N.YORK
PARIS Jean Partier N.YORK

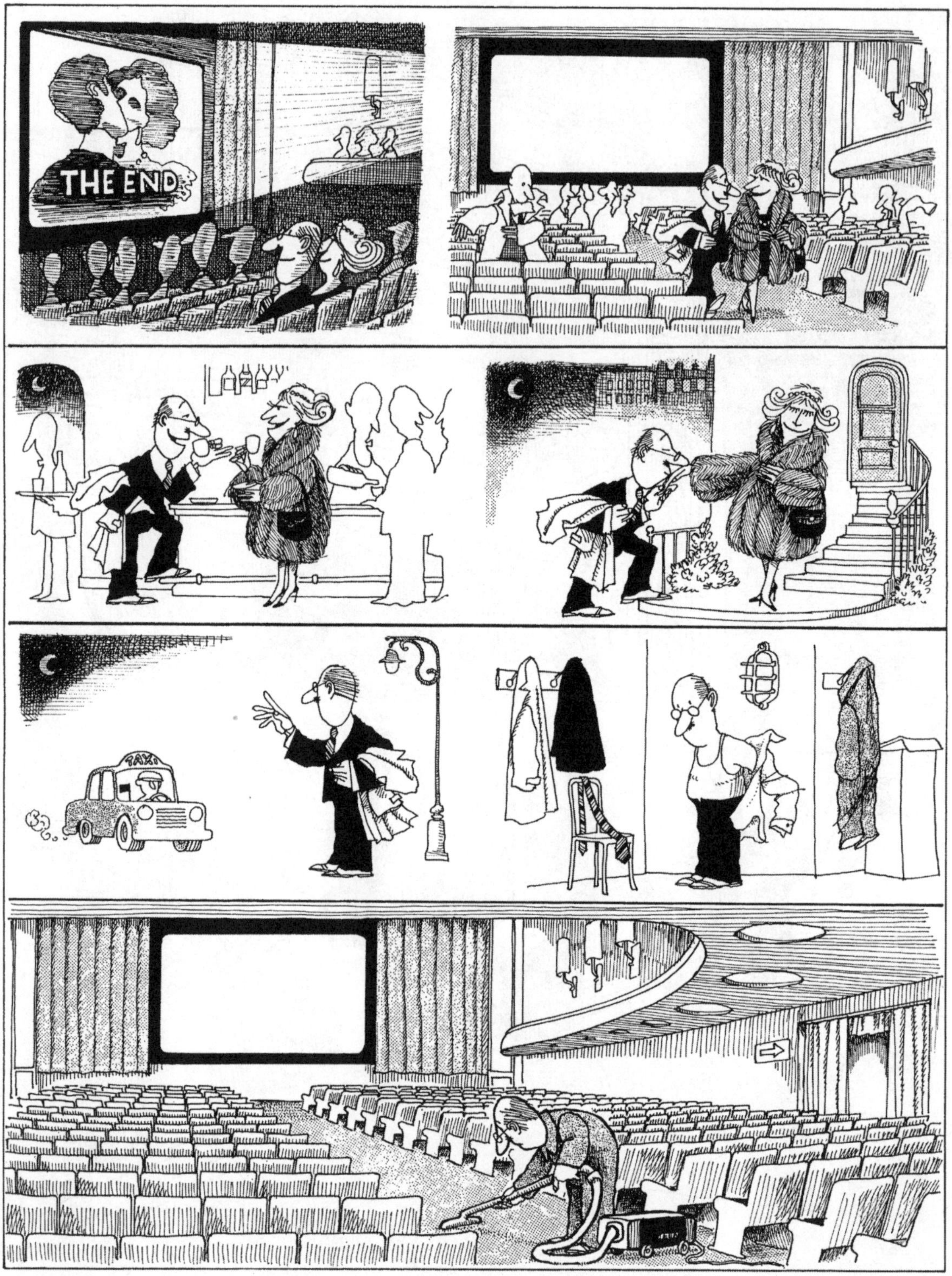
THE END
TAXI

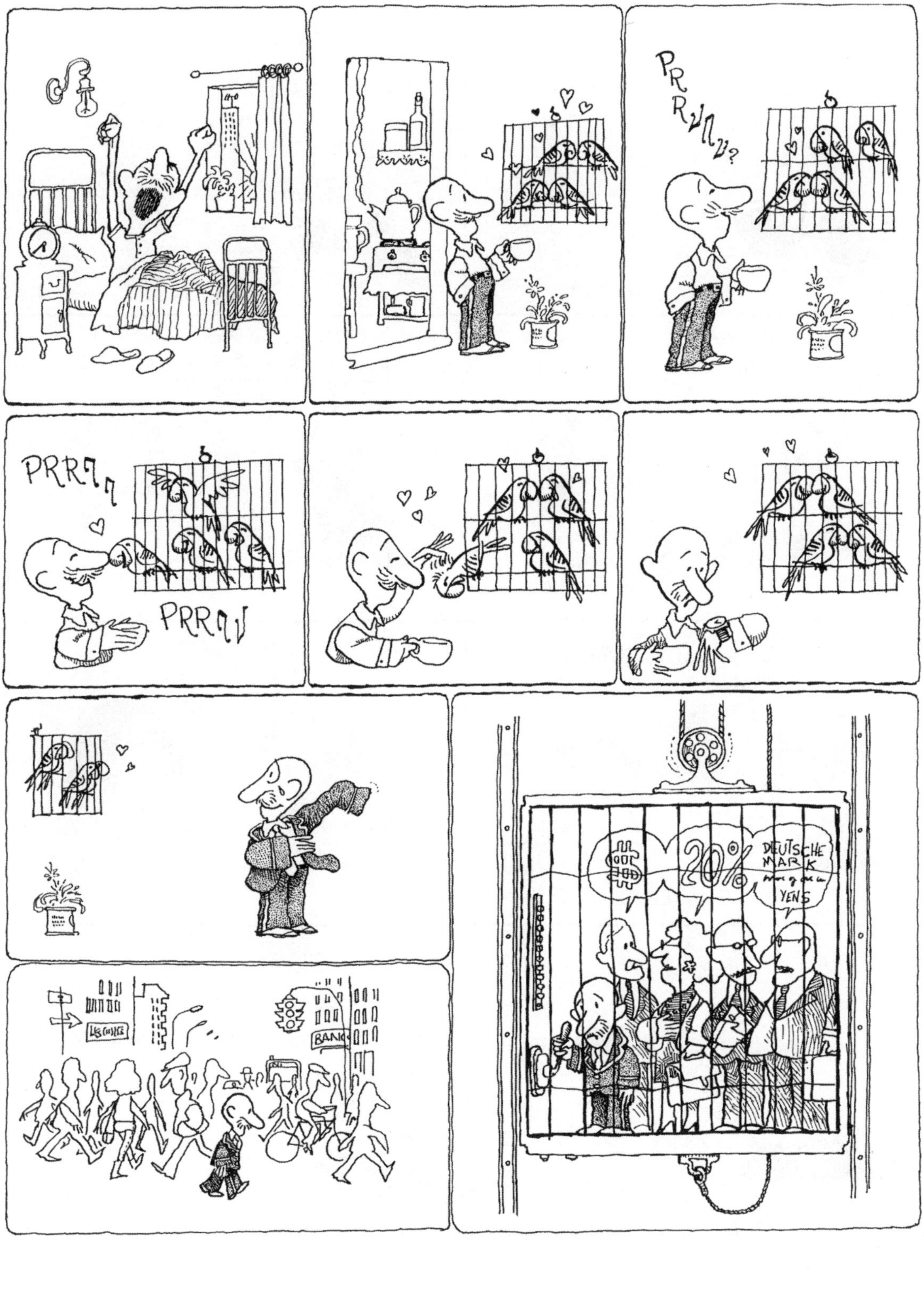

BANK
$
20%
DEUTSCHE MARK
YENS

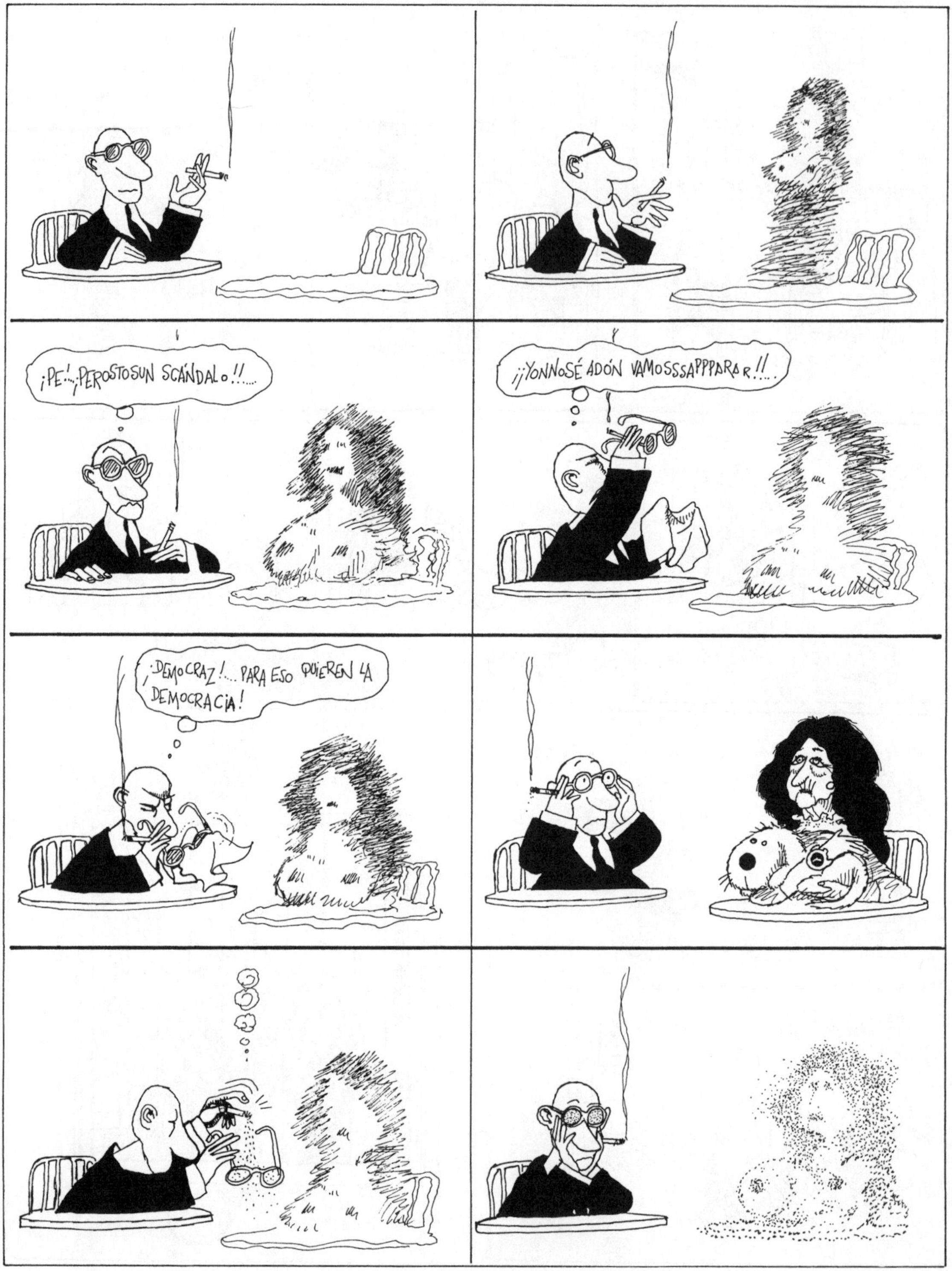
¡PE!...¡PEROSTOSUN SCÁNDALO!!.....
¡¡YONNOSÉ ADÓN VAMOSSSAPPPARAR!!...
¡DEMOCRAZ!... PARA ESO QUIEREN LA DEMOCRACIA!

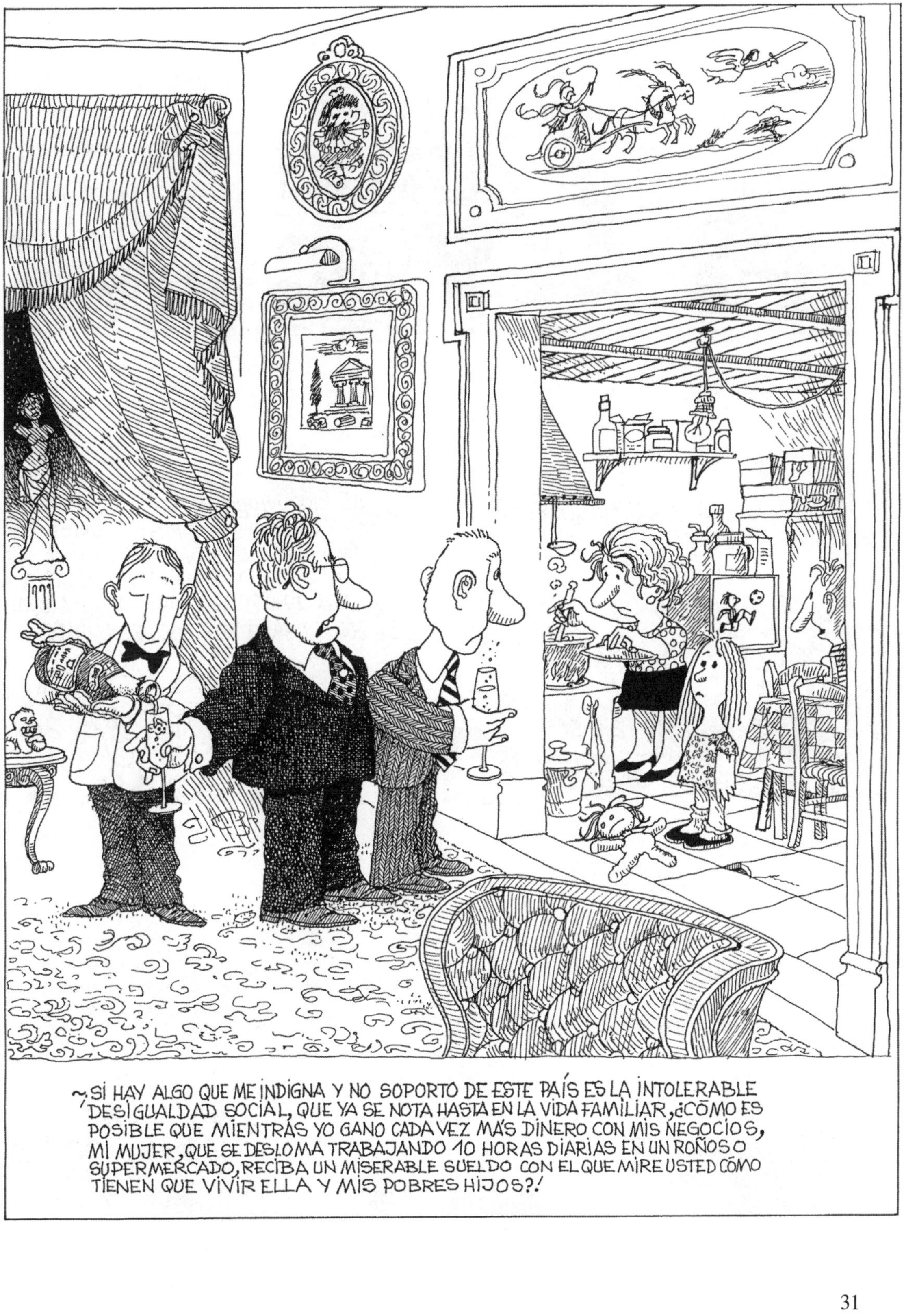

–¡SÍ HAY ALGO QUE ME INDIGNA Y NO SOPORTO DE ESTE PAÍS ES LA INTOLERABLE DESIGUALDAD SOCIAL, QUE YA SE NOTA HASTA EN LA VIDA FAMILIAR, ¿CÓMO ES POSIBLE QUE MIENTRAS YO GANO CADA VEZ MÁS DINERO CON MIS NEGOCIOS, MI MUJER, QUE SE DESLOMA TRABAJANDO 10 HORAS DIARIAS EN UN ROÑOSO SUPERMERCADO, RECIBA UN MISERABLE SUELDO CON EL QUE MIRE USTED CÓMO TIENEN QUE VIVIR ELLA Y MIS POBRES HIJOS?!

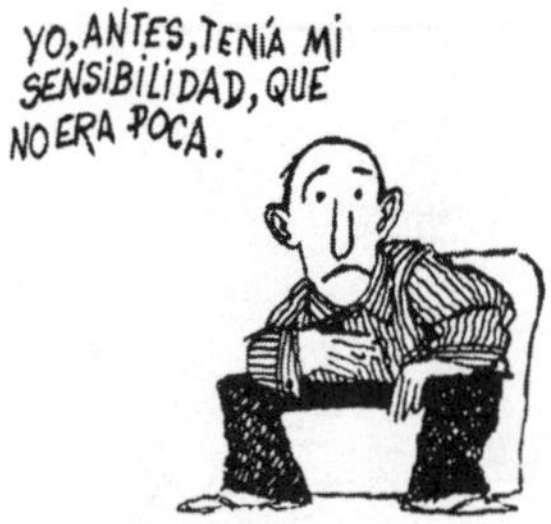
YO, ANTES, TENÍA MI SENSIBILIDAD, QUE NO ERA POCA.

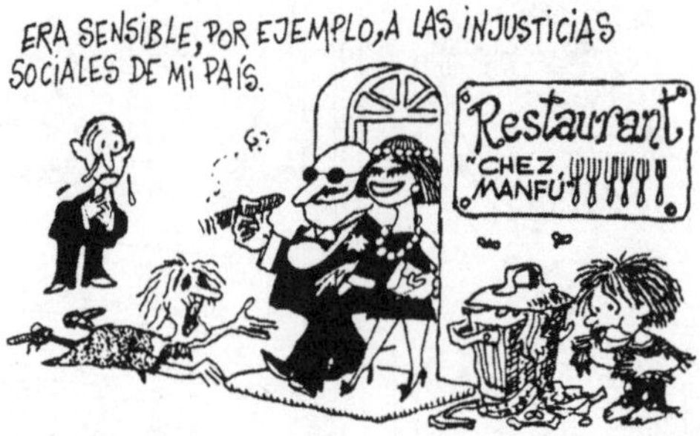
ERA SENSIBLE, POR EJEMPLO, A LAS INJUSTICIAS SOCIALES DE MI PAÍS.
Restaurant
"CHEZ MANFÚ"

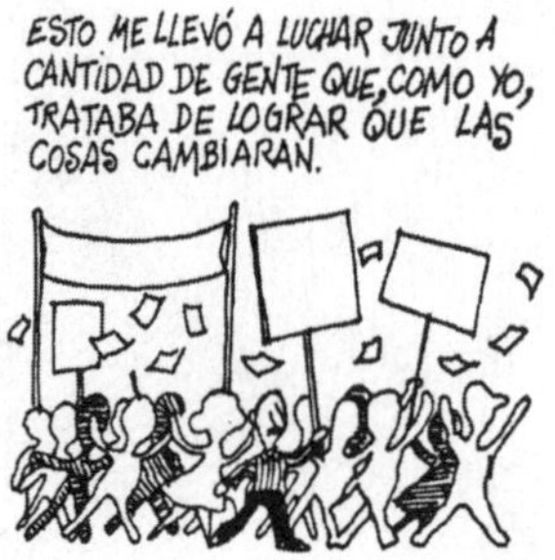
ESTO ME LLEVÓ A LUCHAR JUNTO A CANTIDAD DE GENTE QUE, COMO YO, TRATABA DE LOGRAR QUE LAS COSAS CAMBIARAN.

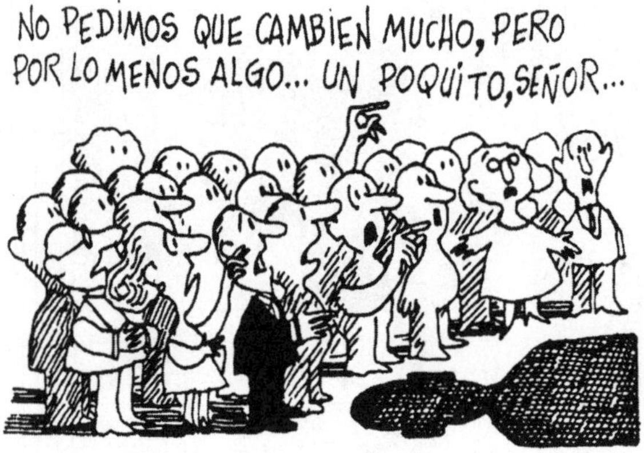
NO PEDIMOS QUE CAMBIEN MUCHO, PERO POR LO MENOS ALGO... UN POQUITO, SEÑOR...

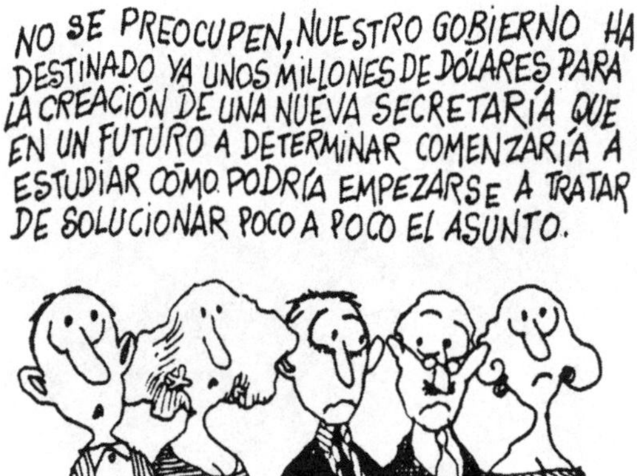
NO SE PREOCUPEN, NUESTRO GOBIERNO HA DESTINADO YA UNOS MILLONES DE DÓLARES PARA LA CREACIÓN DE UNA NUEVA SECRETARÍA QUE EN UN FUTURO A DETERMINAR COMENZARÍA A ESTUDIAR CÓMO PODRÍA EMPEZARSE A TRATAR DE SOLUCIONAR POCO A POCO EL ASUNTO.

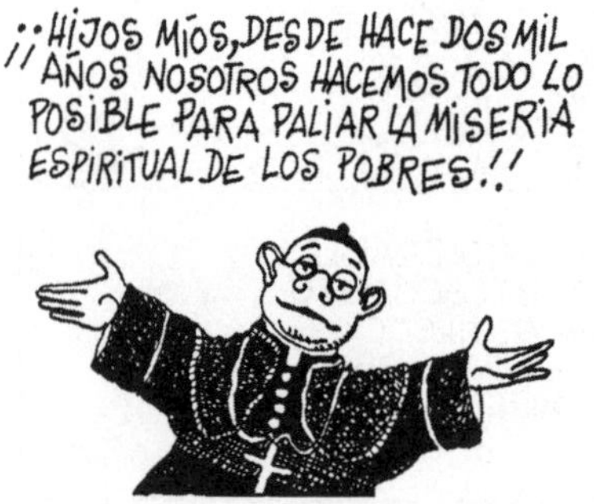
¡¡HIJOS MÍOS, DESDE HACE DOS MIL AÑOS NOSOTROS HACEMOS TODO LO POSIBLE PARA PALIAR LA MISERIA ESPIRITUAL DE LOS POBRES!!

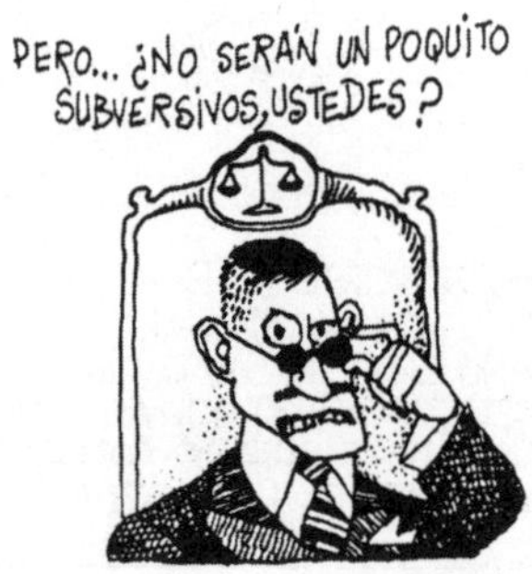
PERO... ¿NO SERÁN UN POQUITO SUBVERSIVOS, USTEDES?

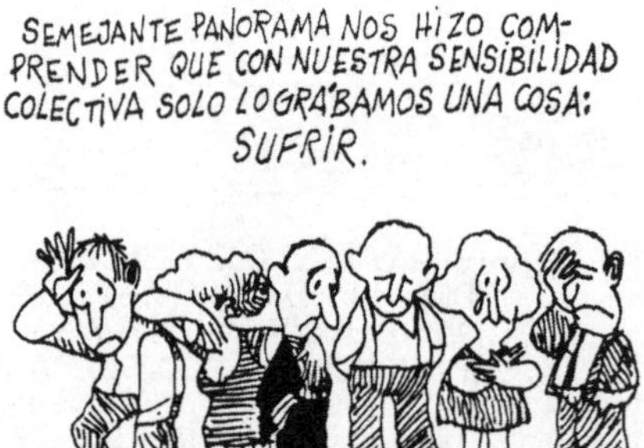
SEMEJANTE PANORAMA NOS HIZO COMPRENDER QUE CON NUESTRA SENSIBILIDAD COLECTIVA SOLO LOGRÁBAMOS UNA COSA:
SUFRIR.

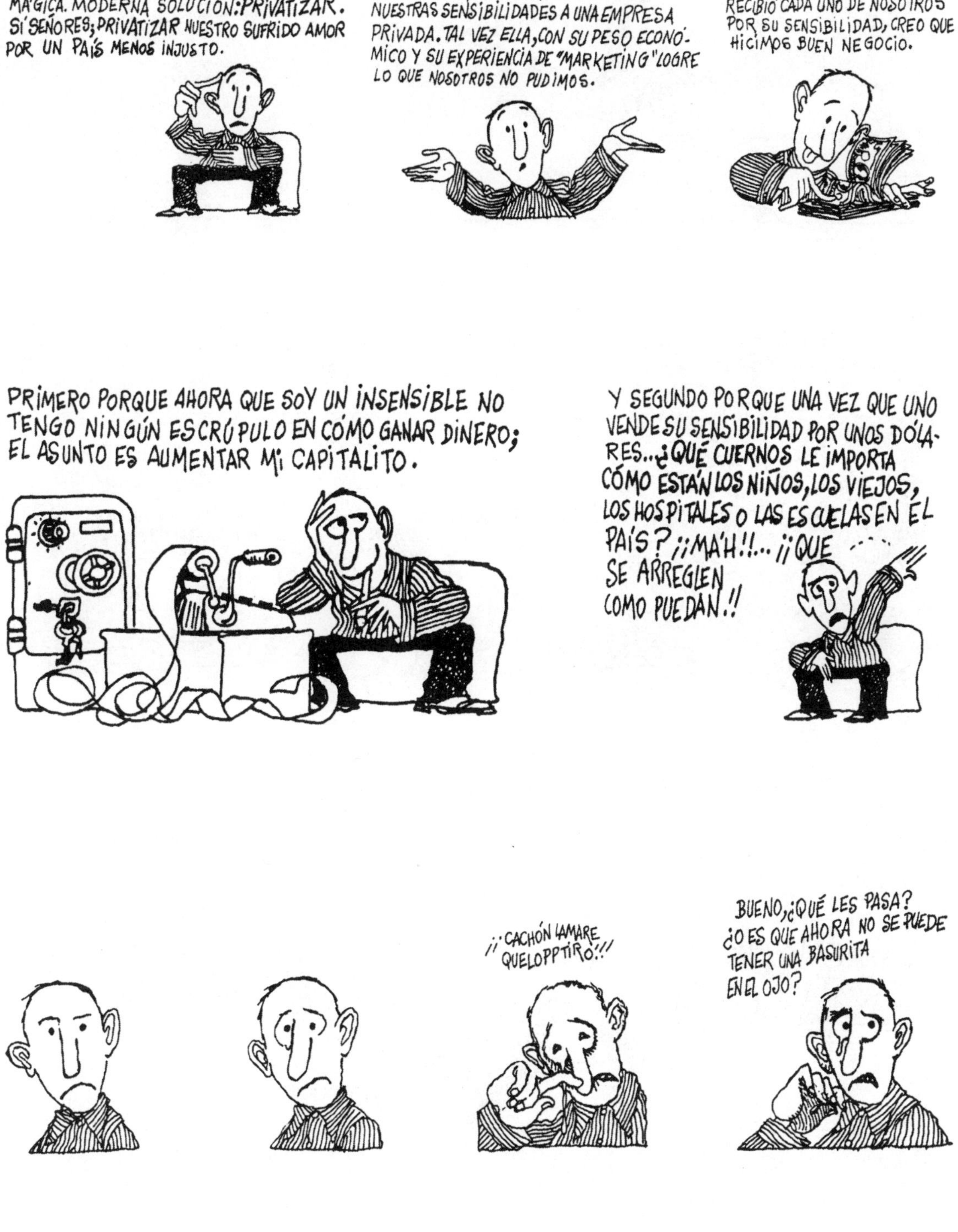
FUE ENTONCES QUE SE NOS OCURRIÓ UNA MÁGICA. MODERNA SOLUCIÓN: PRIVATIZAR. SÍ SEÑORES; PRIVATIZAR NUESTRO SUFRIDO AMOR POR UN PAÍS MENOS INJUSTO.
Y ASÍ LO HICIMOS. VENDIMOS, EN BLOQUE, NUESTRAS SENSIBILIDADES A UNA EMPRESA PRIVADA. TAL VEZ ELLA, CON SU PESO ECONÓMICO Y SU EXPERIENCIA DE "MARKETING" LOGRE LO QUE NOSOTROS NO PUDIMOS.
Y SI BIEN NO FUE MUCHO LO QUE RECIBIÓ CADA UNO DE NOSOTROS POR SU SENSIBILIDAD, CREO QUE HICIMOS BUEN NEGOCIO.
PRIMERO PORQUE AHORA QUE SOY UN INSENSIBLE NO TENGO NINGÚN ESCRÚPULO EN CÓMO GANAR DINERO; EL ASUNTO ES AUMENTAR MI CAPITALITO.
Y SEGUNDO PORQUE UNA VEZ QUE UNO VENDE SU SENSIBILIDAD POR UNOS DÓLARES... ¿QUÉ CUERNOS LE IMPORTA CÓMO ESTÁN LOS NIÑOS, LOS VIEJOS, LOS HOSPITALES O LAS ESCUELAS EN EL PAÍS? ¡¡MÁ'H!!... ¡¡QUE SE ARREGLEN COMO PUEDAN!!
¡¡CACHÓN LAMARE QUELOPPTIRO!!
BUENO, ¿QUÉ LES PASA? ¿O ES QUE AHORA NO SE PUEDE TENER UNA BASURITA EN EL OJO?

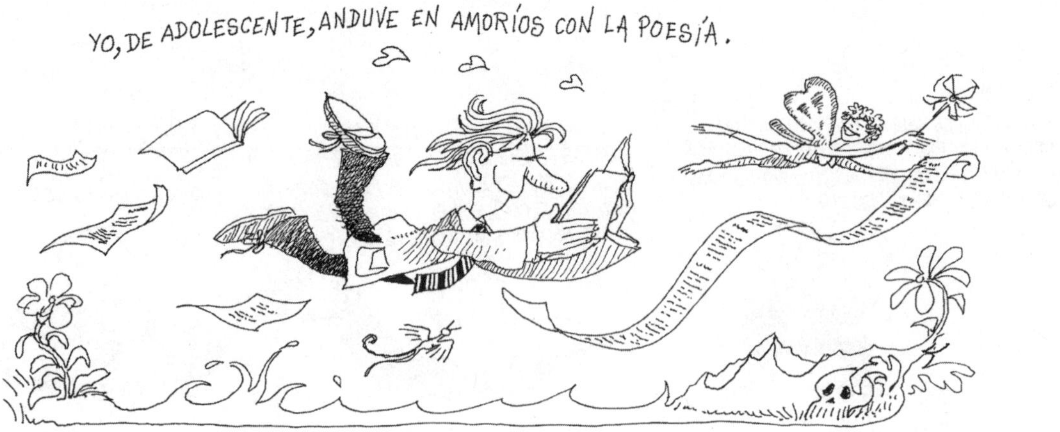
YO, DE ADOLESCENTE, ANDUVE EN AMORÍOS CON LA POESÍA.

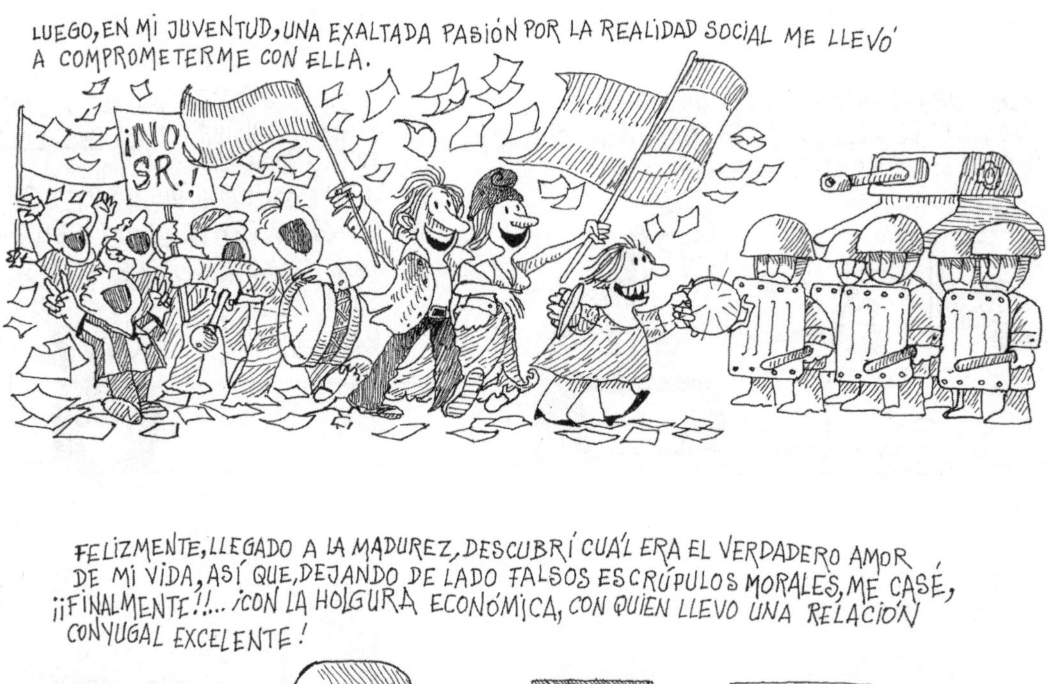
LUEGO, EN MI JUVENTUD, UNA EXALTADA PASIÓN POR LA REALIDAD SOCIAL ME LLEVÓ A COMPROMETERME CON ELLA.
¡NO SR.!

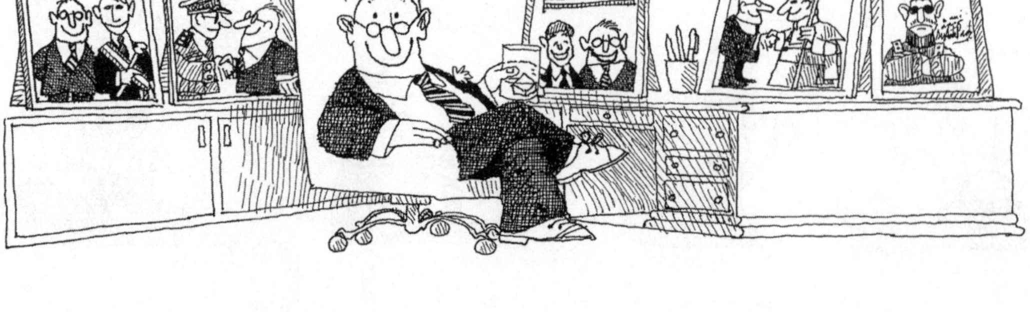
FELIZMENTE, LLEGADO A LA MADUREZ, DESCUBRÍ CUÁL ERA EL VERDADERO AMOR DE MI VIDA, ASÍ QUE, DEJANDO DE LADO FALSOS ESCRÚPULOS MORALES, ME CASÉ, ¡¡FINALMENTE!!... ¡CON LA HOLGURA ECONÓMICA, CON QUIEN LLEVO UNA RELACIÓN CONYUGAL EXCELENTE!

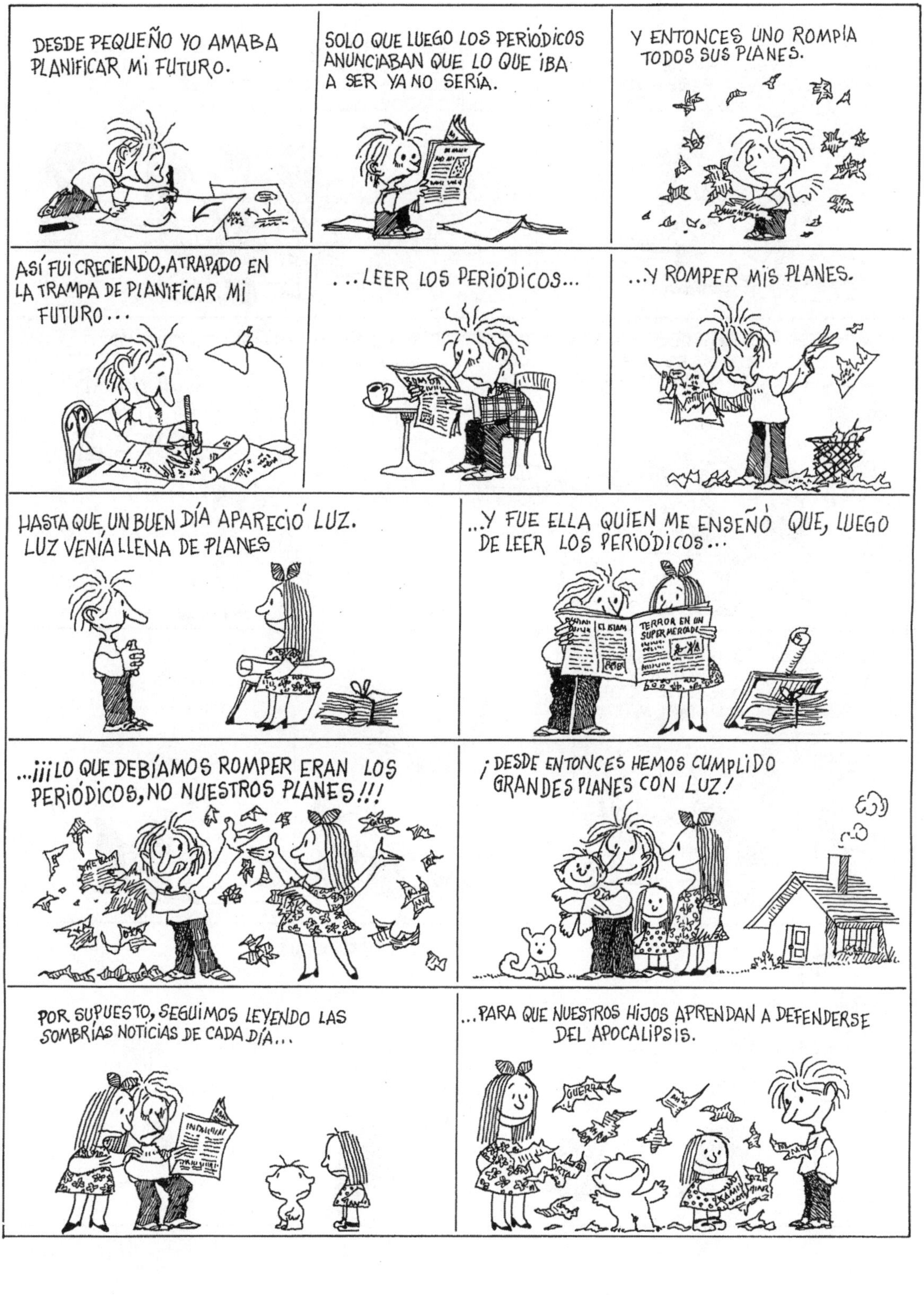
DESDE PEQUEÑO YO AMABA PLANIFICAR MI FUTURO.
SOLO QUE LUEGO LOS PERIÓDICOS ANUNCIABAN QUE LO QUE IBA A SER YA NO SERÍA.
Y ENTONCES UNO ROMPÍA TODOS SUS PLANES.
ASÍ FUI CRECIENDO, ATRAPADO EN LA TRAMPA DE PLANIFICAR MI FUTURO...
...LEER LOS PERIÓDICOS...
...Y ROMPER MIS PLANES.
HASTA QUE UN BUEN DÍA APARECIÓ LUZ. LUZ VENÍA LLENA DE PLANES
...Y FUE ELLA QUIEN ME ENSEÑÓ QUE, LUEGO DE LEER LOS PERIÓDICOS...
TERROR EN UN SUPERMERCADO
...¡¡¡LO QUE DEBÍAMOS ROMPER ERAN LOS PERIÓDICOS, NO NUESTROS PLANES!!!
¡DESDE ENTONCES HEMOS CUMPLIDO GRANDES PLANES CON LUZ!
POR SUPUESTO, SEGUIMOS LEYENDO LAS SOMBRÍAS NOTICIAS DE CADA DÍA...
...PARA QUE NUESTROS HIJOS APRENDAN A DEFENDERSE DEL APOCALIPSIS.
GUERRA

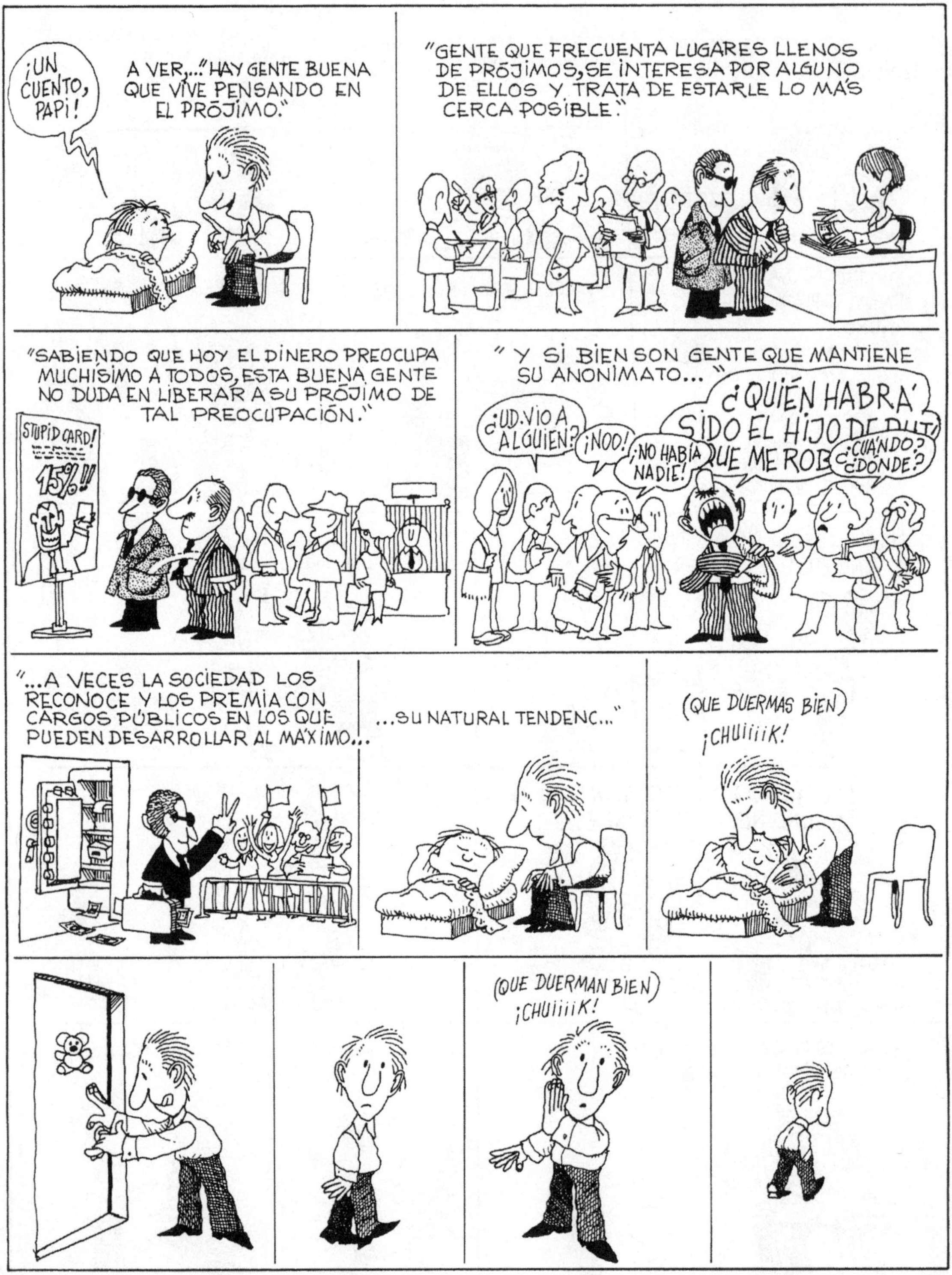

¡UN CUENTO, PAPI!
A VER,...": HAY GENTE BUENA QUE VIVE PENSANDO EN EL PRÓJIMO."
"GENTE QUE FRECUENTA LUGARES LLENOS DE PRÓJIMOS, SE INTERESA POR ALGUNO DE ELLOS Y TRATA DE ESTARLE LO MÁS CERCA POSIBLE."
"SABIENDO QUE HOY EL DINERO PREOCUPA MUCHÍSIMO A TODOS, ESTA BUENA GENTE NO DUDA EN LIBERAR A SU PRÓJIMO DE TAL PREOCUPACIÓN."
STUPID CARD!
15%!!
" Y SI BIEN SON GENTE QUE MANTIENE SU ANONIMATO... "
¿UD. VIO A ALGUIEN?
¡NOO!
¡NO HABÍA NADIE!
¿QUIÉN HABRÁ SIDO EL HIJO DE PUT QUE ME ROB
¿CUÁNDO? ¿DÓNDE?
"...A VECES LA SOCIEDAD LOS RECONOCE Y LOS PREMIA CON CARGOS PÚBLICOS EN LOS QUE PUEDEN DESARROLLAR AL MÁXIMO...
...SU NATURAL TENDENC..."
(QUE DUERMAS BIEN)
¡CHUiiiiK!
(QUE DUERMAN BIEN)
¡CHUiiiiK!

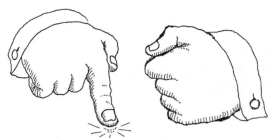

ME COSTO, ¡VAYA SI ME COSTO!, PERO POCO A POCO FUI LOGRANDO MUCHO PARA MI PAÍS.

LOGRÉ QUE AMNISTÍA INTERNACIONAL SE OCUPE DE LA SITUACIÓN DE MIS OPOSITORES ENCARCELADOS,

QUE EL UNICEF ASISTA A DECENAS DE MILES DE NIÑOS ABANDONADOS, DESNUTRIDOS Y ANALFABETOS,

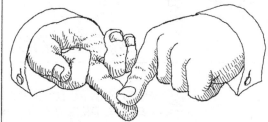

QUE LA CRUZ ROJA SE ENCARGUE DE AYUDAR A UNA INMENSA MULTITUD DE ANCIANOS ENFERMOS,

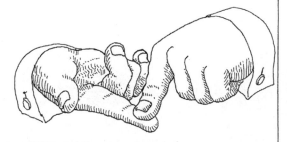

QUE GREENPEACE Y SUS VOLUNTARIOS SE ESFUERCEN PARA FRENAR EL ESPANTOSO DETERIORO ECOLÓGICO,

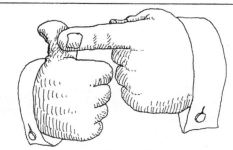

QUE LOS AGENTES DE LA DEA ENVIADOS POR WASHINGTON DIRIJAN LA LUCHA CONTRA LA DROGA Y EL NARCOTRÁFICO.

~¡¡O SEA QUE FINALMENTE PUEDO GOBERNAR EN PAZ SIN PREOCUPARME DE NADA NI DE NADIE!!

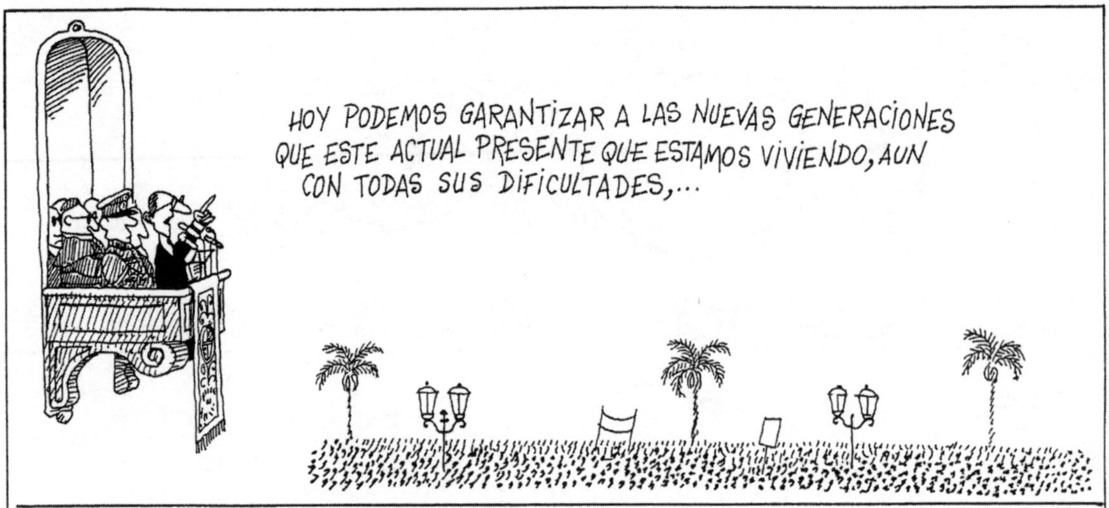
HOY PODEMOS GARANTIZAR A LAS NUEVAS GENERACIONES QUE ESTE ACTUAL PRESENTE QUE ESTAMOS VIVIENDO, AUN CON TODAS SUS DIFICULTADES,...

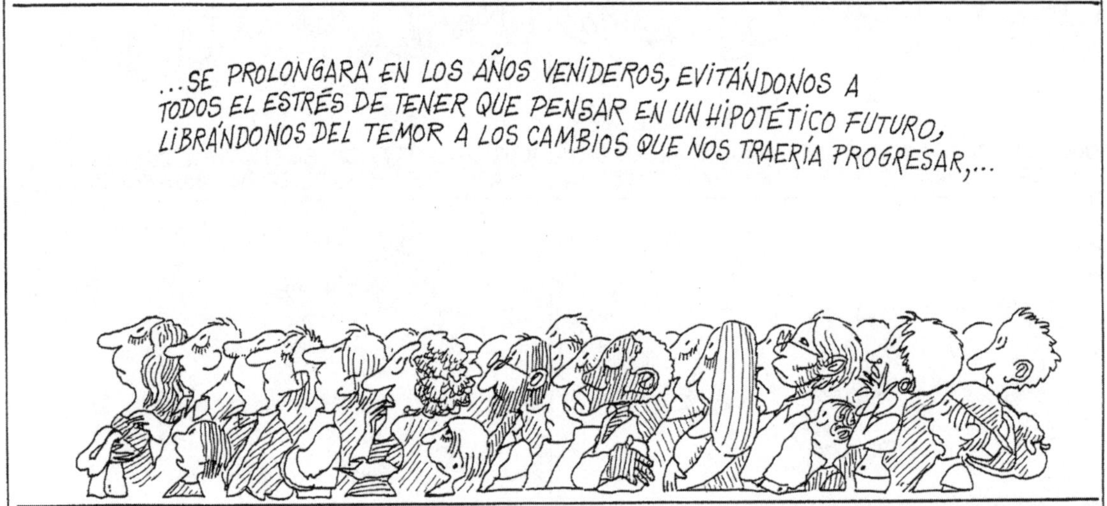
...SE PROLONGARÁ EN LOS AÑOS VENIDEROS, EVITÁNDONOS A TODOS EL ESTRÉS DE TENER QUE PENSAR EN UN HIPOTÉTICO FUTURO, LIBRÁNDONOS DEL TEMOR A LOS CAMBIOS QUE NOS TRAERÍA PROGRESAR,...

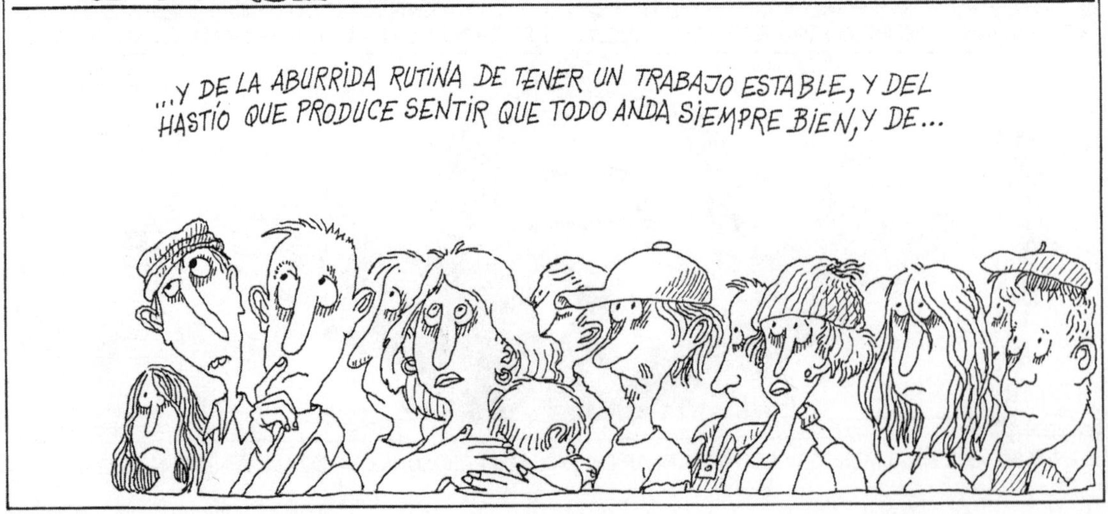
...Y DE LA ABURRIDA RUTINA DE TENER UN TRABAJO ESTABLE, Y DEL HASTÍO QUE PRODUCE SENTIR QUE TODO ANDA SIEMPRE BIEN, Y DE...

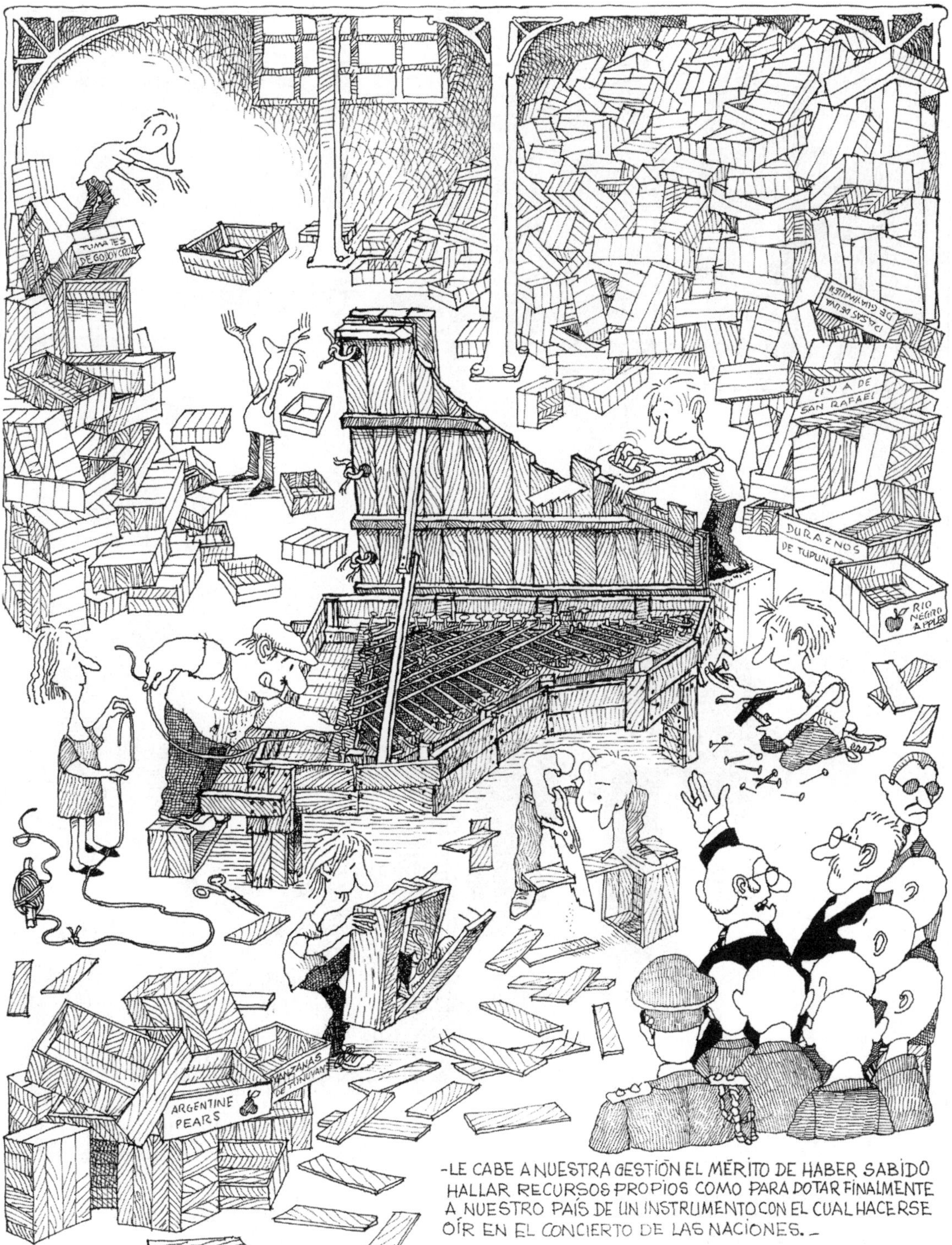
TOMATES DE GODOY CRUZ
UVA DE SAN RAFAEL
DURAZNOS
RIO NEGRO APPLES
ARGENTINE PEARS
-LE CABE A NUESTRA GESTIÓN EL MÉRITO DE HABER SABIDO HALLAR RECURSOS PROPIOS COMO PARA DOTAR FINALMENTE A NUESTRO PAÍS DE UN INSTRUMENTO CON EL CUAL HACERSE OÍR EN EL CONCIERTO DE LAS NACIONES.-

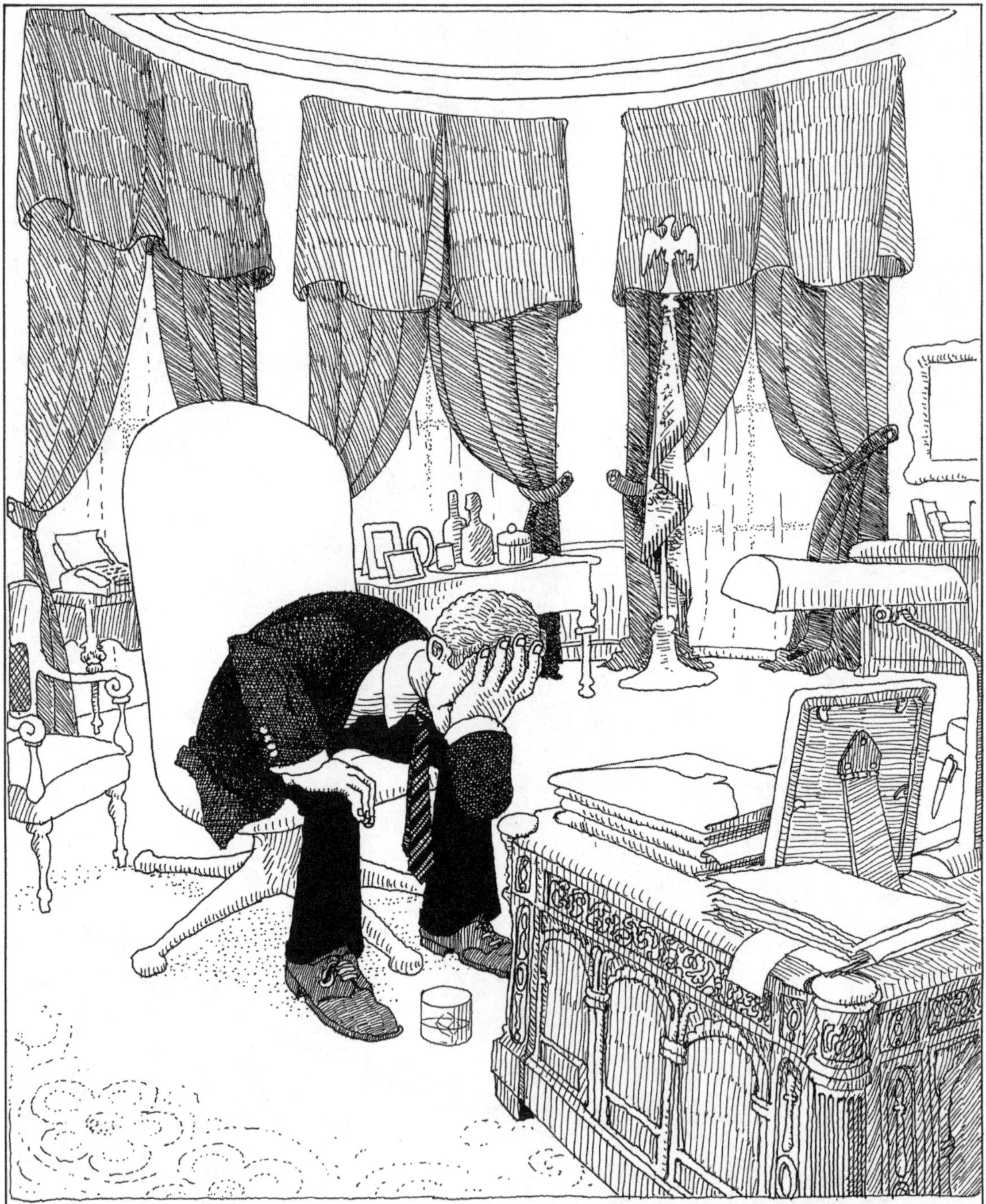

—LO AGOBIANTE DE GOBERNAR LA NACIÓN MÁS PODEROSA DEL PLANETA NO ES SOLO EL ESFUERZO DE LLEVAR ADELANTE EL DESARROLLO DEL PROPIO PAÍS, SINO, ADEMÁS, EL INMENSO DESGASTE QUE SIGNIFICA ESTAR SIEMPRE PLANIFICANDO CÓMO DESTRUIR EL DESARROLLO DE TANTOS, TANTOS OTROS PAÍSES.

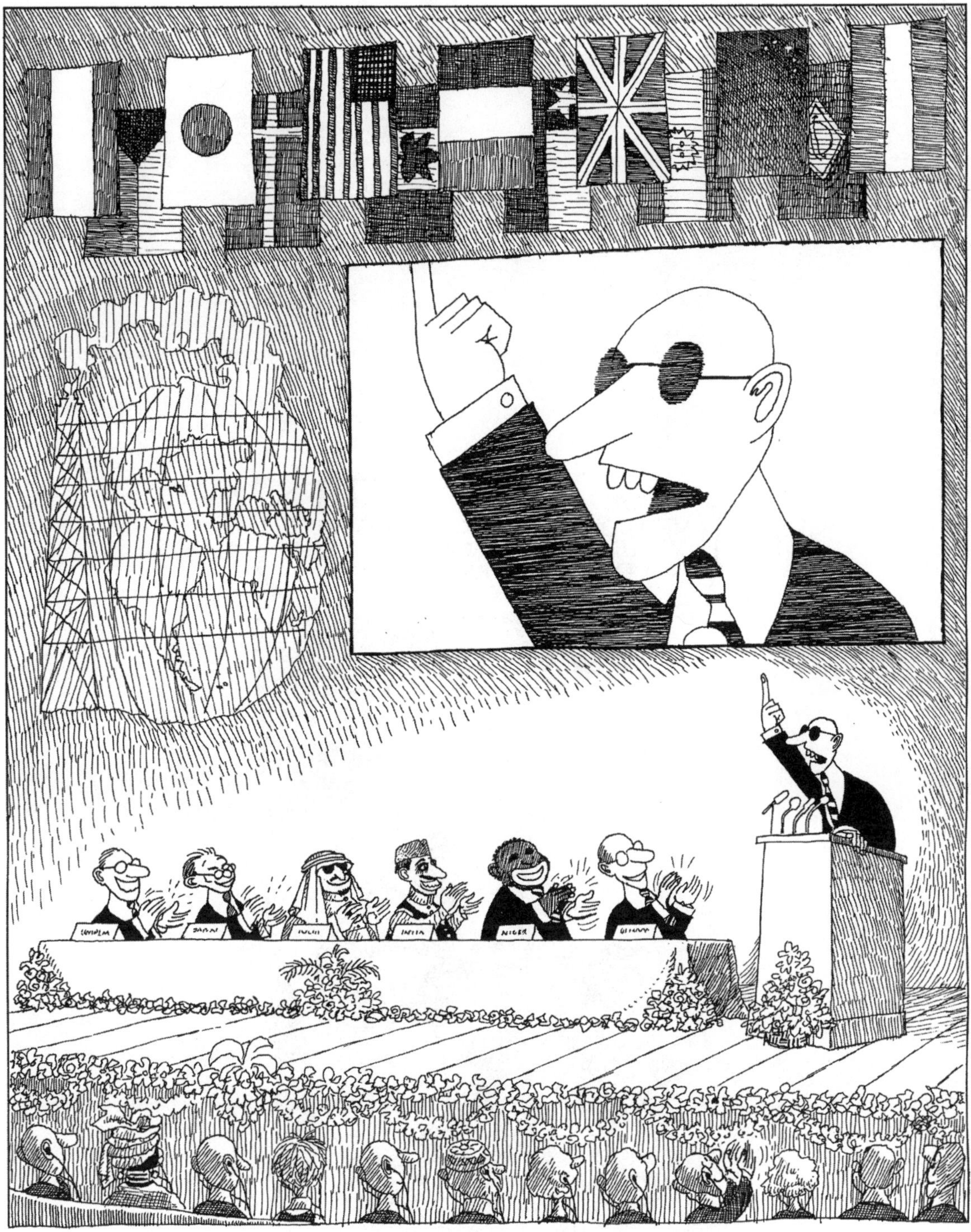

–¡BASTA DE PESIMISMO ECOLOGISTA! NO ES CIERTO QUE TODO ESTÉ PERDIDO,... ¡¡NOS QUEDA AÚN MUCHO PLANETA POR DESTROZAR!!

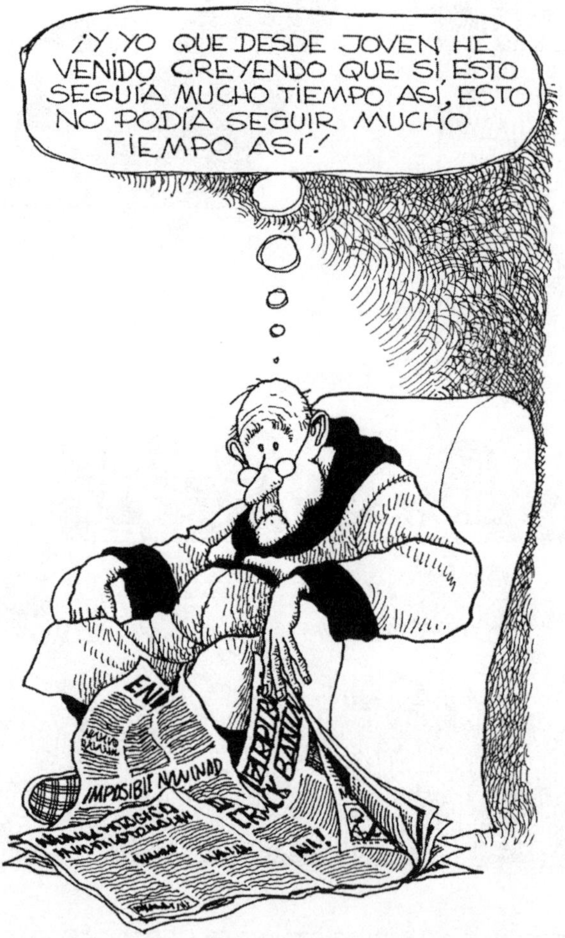
¡Y YO QUE DESDE JOVEN HE VENIDO CREYENDO QUE SI ESTO SEGUÍA MUCHO TIEMPO ASÍ, ESTO NO PODÍA SEGUIR MUCHO TIEMPO ASÍ!

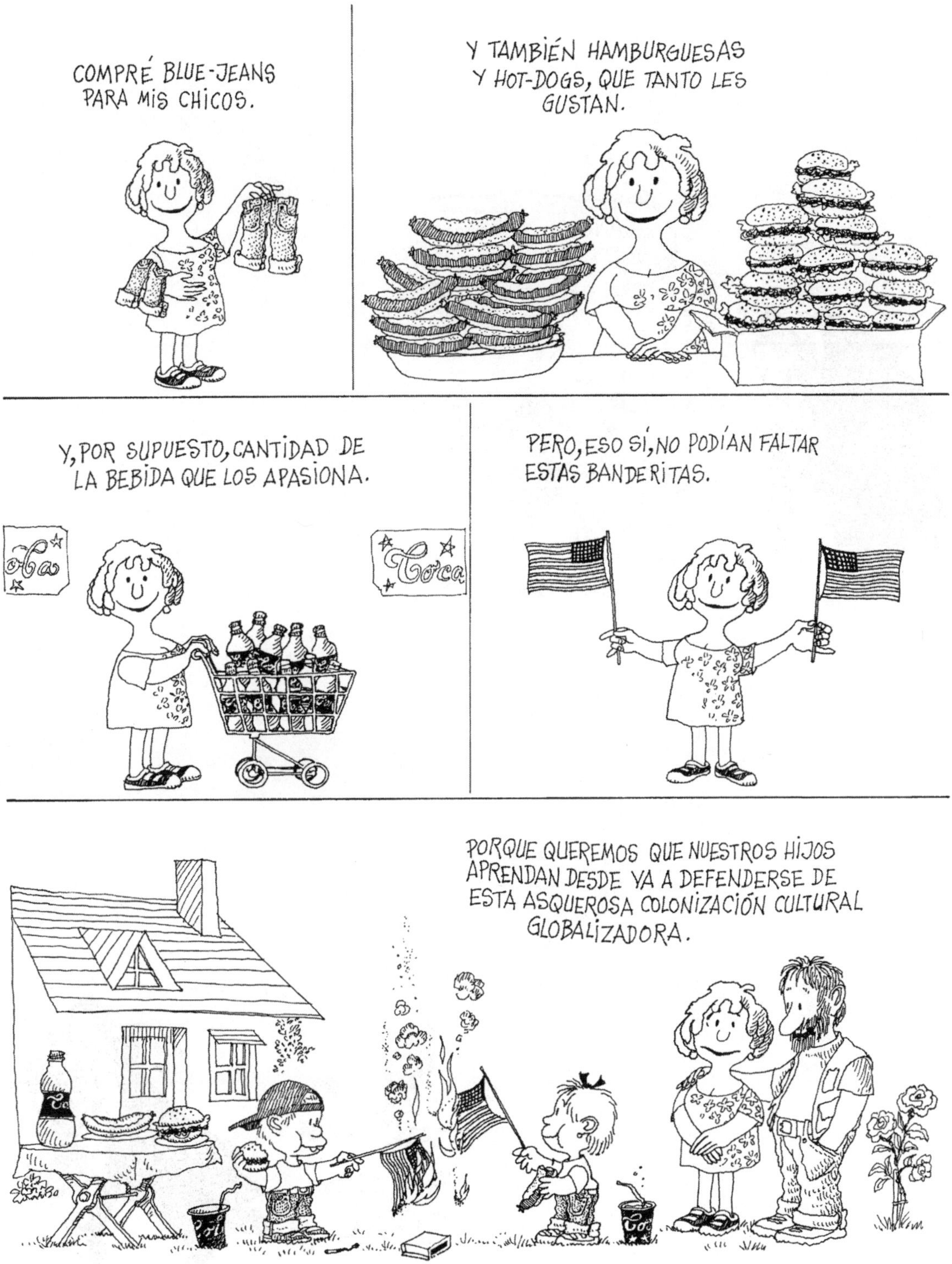
COMPRÉ BLUE-JEANS PARA MIS CHICOS.
Y TAMBIÉN HAMBURGUESAS Y HOT-DOGS, QUE TANTO LES GUSTAN.
Y, POR SUPUESTO, CANTIDAD DE LA BEBIDA QUE LOS APASIONA.
PERO, ESO SÍ, NO PODÍAN FALTAR ESTAS BANDERITAS.
PORQUE QUEREMOS QUE NUESTROS HIJOS APRENDAN DESDE YA A DEFENDERSE DE ESTA ASQUEROSA COLONIZACIÓN CULTURAL GLOBALIZADORA.

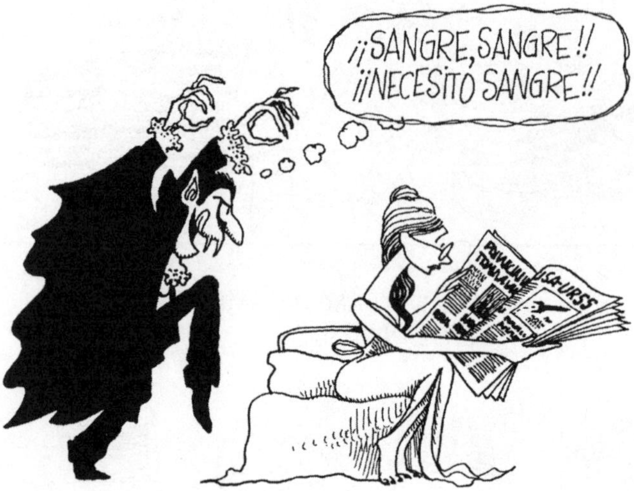
¡¡SANGRE, SANGRE!!
¡¡NECESITO SANGRE!!

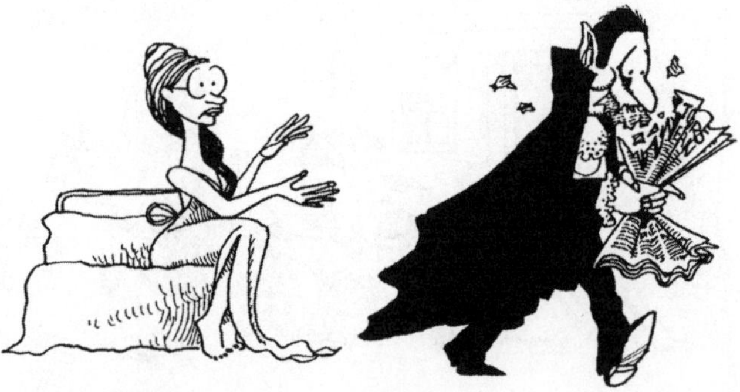

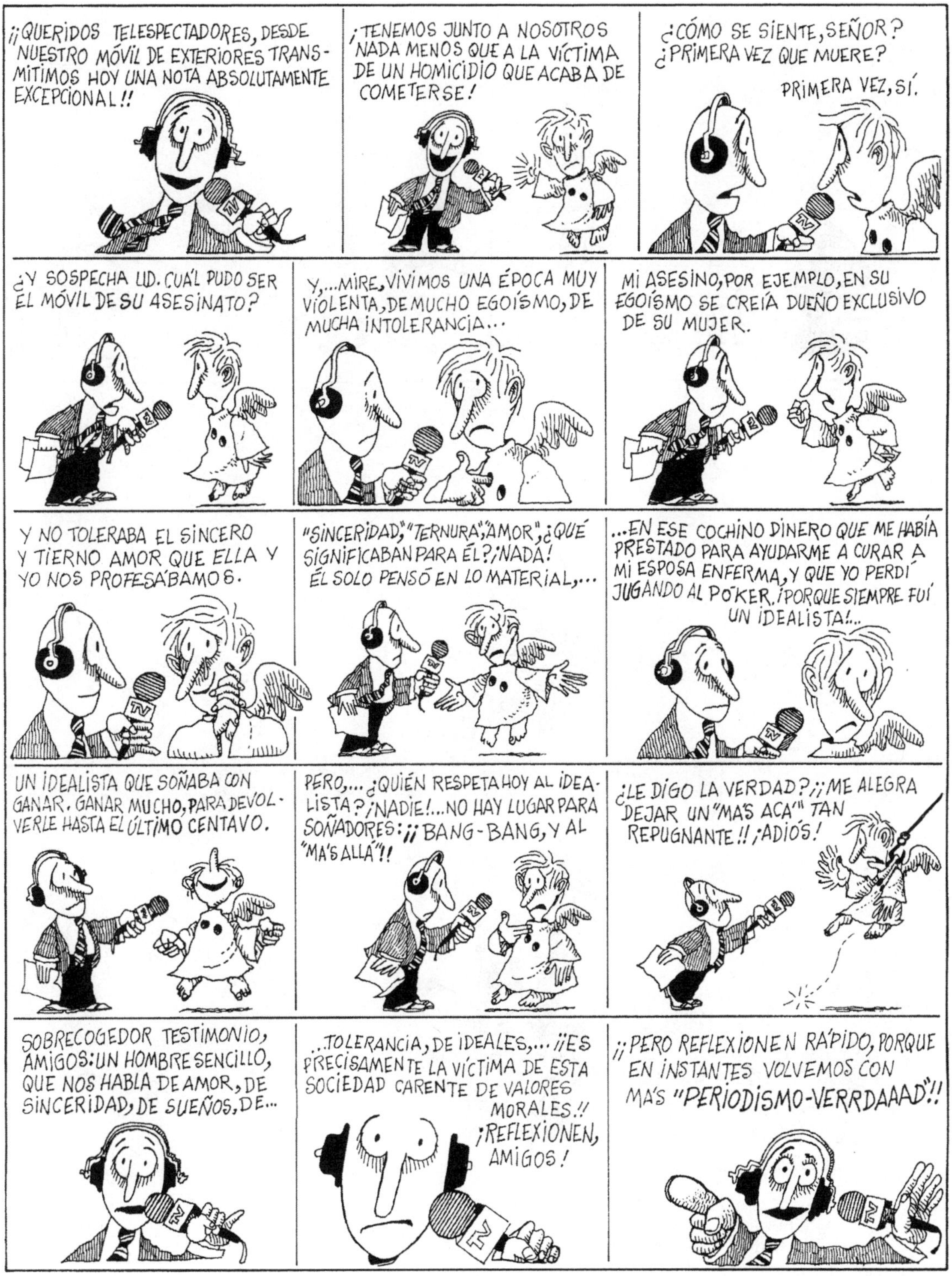
¡¡QUERIDOS TELESPECTADORES, DESDE NUESTRO MÓVIL DE EXTERIORES TRANSMITIMOS HOY UNA NOTA ABSOLUTAMENTE EXCEPCIONAL!!
¡TENEMOS JUNTO A NOSOTROS NADA MENOS QUE A LA VÍCTIMA DE UN HOMICIDIO QUE ACABA DE COMETERSE!
¿CÓMO SE SIENTE, SEÑOR? ¿PRIMERA VEZ QUE MUERE?
PRIMERA VEZ, SÍ.
¿Y SOSPECHA UD. CUÁL PUDO SER EL MÓVIL DE SU ASESINATO?
Y,...MIRE, VIVIMOS UNA ÉPOCA MUY VIOLENTA, DE MUCHO EGOÍSMO, DE MUCHA INTOLERANCIA...
MI ASESINO, POR EJEMPLO, EN SU EGOÍSMO SE CREÍA DUEÑO EXCLUSIVO DE SU MUJER.
Y NO TOLERABA EL SINCERO Y TIERNO AMOR QUE ELLA Y YO NOS PROFESÁBAMOS.
"SINCERIDAD", "TERNURA", "AMOR", ¿QUÉ SIGNIFICABAN PARA ÉL? ¡NADA! ÉL SOLO PENSÓ EN LO MATERIAL,...
...EN ESE COCHINO DINERO QUE ME HABÍA PRESTADO PARA AYUDARME A CURAR A MI ESPOSA ENFERMA, Y QUE YO PERDÍ JUGANDO AL PÓKER. ¡PORQUE SIEMPRE FUÍ UN IDEALISTA!...
UN IDEALISTA QUE SOÑABA CON GANAR. GANAR MUCHO, PARA DEVOLVERLE HASTA EL ÚLTIMO CENTAVO.
PERO,... ¿QUIÉN RESPETA HOY AL IDEALISTA? ¡NADIE!...NO HAY LUGAR PARA SOÑADORES: ¡¡BANG-BANG, Y AL "MÁS ALLÁ"!!
¿LE DIGO LA VERDAD? ¡¡ME ALEGRA DEJAR UN "MÁS ACÁ" TAN REPUGNANTE!! ¡ADIÓS!
SOBRECOGEDOR TESTIMONIO, AMIGOS: UN HOMBRE SENCILLO, QUE NOS HABLA DE AMOR, DE SINCERIDAD, DE SUEÑOS, DE...
...TOLERANCIA, DE IDEALES,... ¡¡ES PRECISAMENTE LA VÍCTIMA DE ESTA SOCIEDAD CARENTE DE VALORES MORALES.!!
¡REFLEXIONEN, AMIGOS!
¡¡PERO REFLEXIONEN RÁPIDO, PORQUE EN INSTANTES VOLVEMOS CON MÁS "PERIODISMO-VERRDAAAD"!!

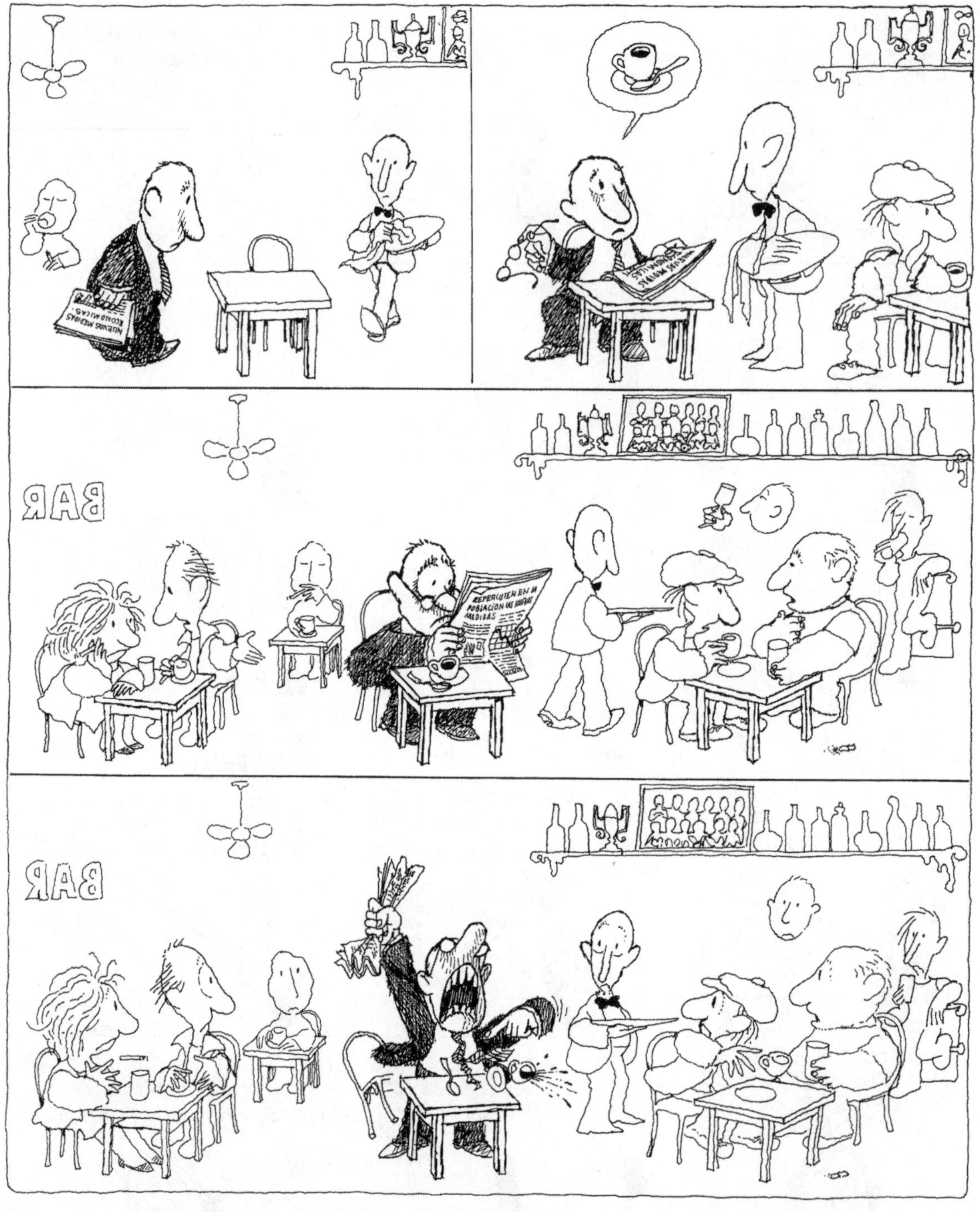
REPERCUTEN EN LA POBLACIÓN LAS NUEVAS MEDIDAS

~¿¿Y SI UNO QUERÍA SUICIDARSE PERSONALMENTE??! ¿EHÉÉÉ?... ¿QUÉ TIENEN QUE VENIR AHORA ESTOS A SUICIDARNOS COMO A ELLOS LES DA LA GANA?

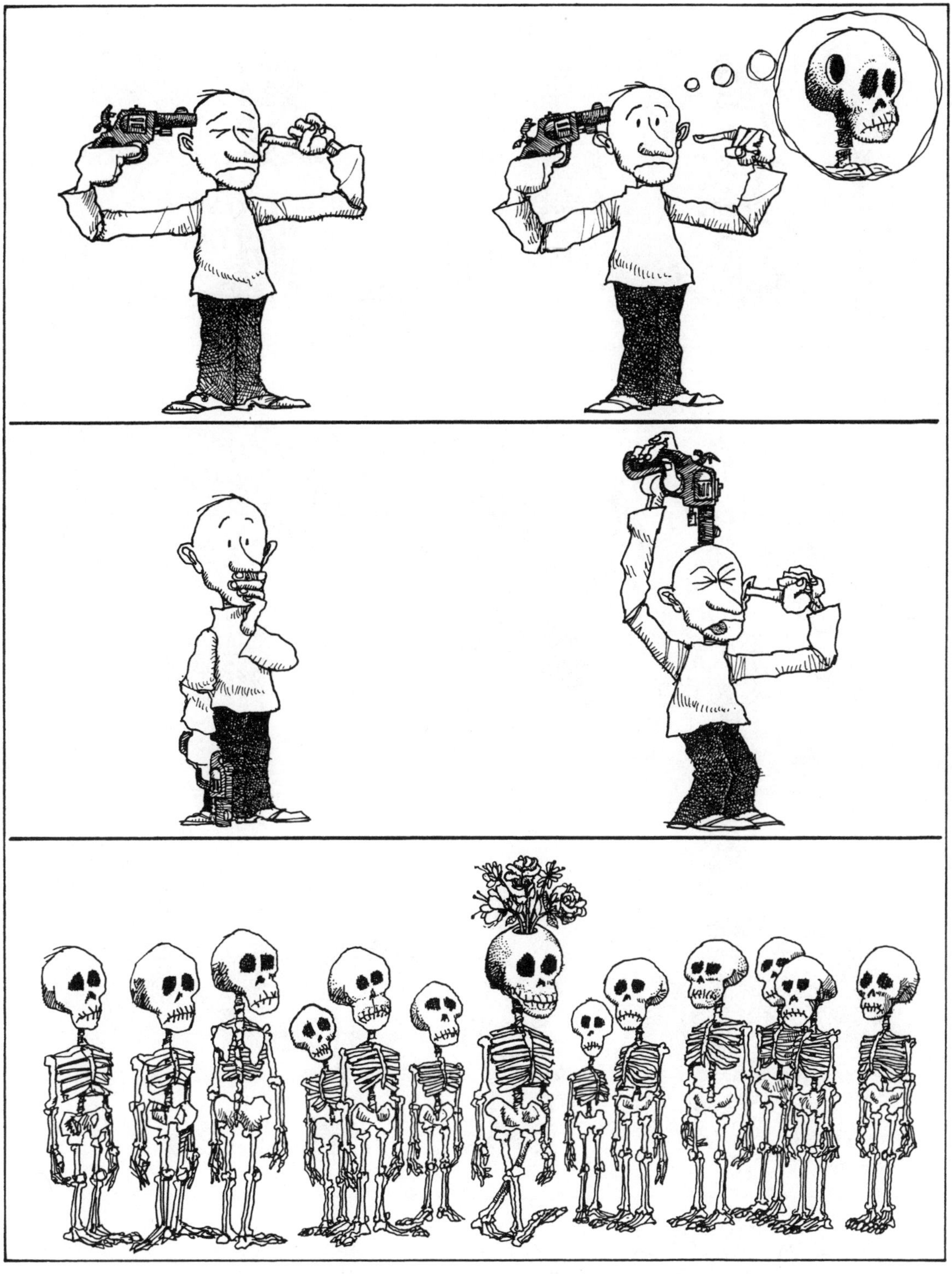

~¡ALTO, AMIGO! EL SUICIDIO VIOLA TODA LEY JURÍDICA, RELIGIOSA Y
MORAL, Y ES MI DEBER PROTEGER SU VIDA. ¡¡SUELTE YA MISMO
ESA ARMA O LE VUELO LA TAPA DE LOS SESOS!!

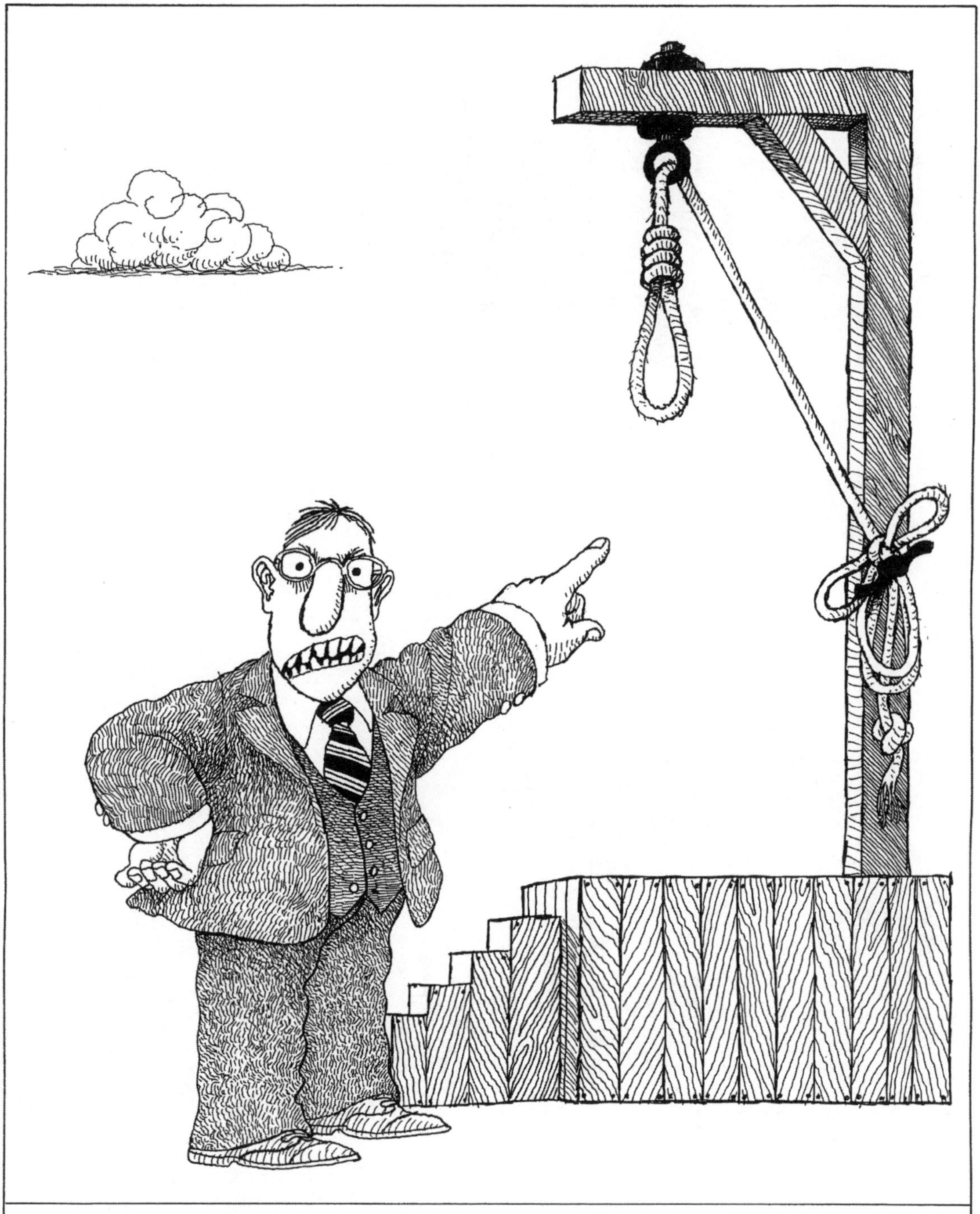

–AQUÍ TERMINA SUS DÍAS QUIEN NO ENTIENDE QUE MATAR A ALGUIEN ES UN DELITO PENADO POR UNA LEY QUE, POR SOBRE TODO, PROTEGE EL SAGRADO DERECHO A LA VIDA QUE TIENE CADA SER HUMANO Y QUE DEPENDE SOLO DE LA VOLUNTAD DE DIOS.

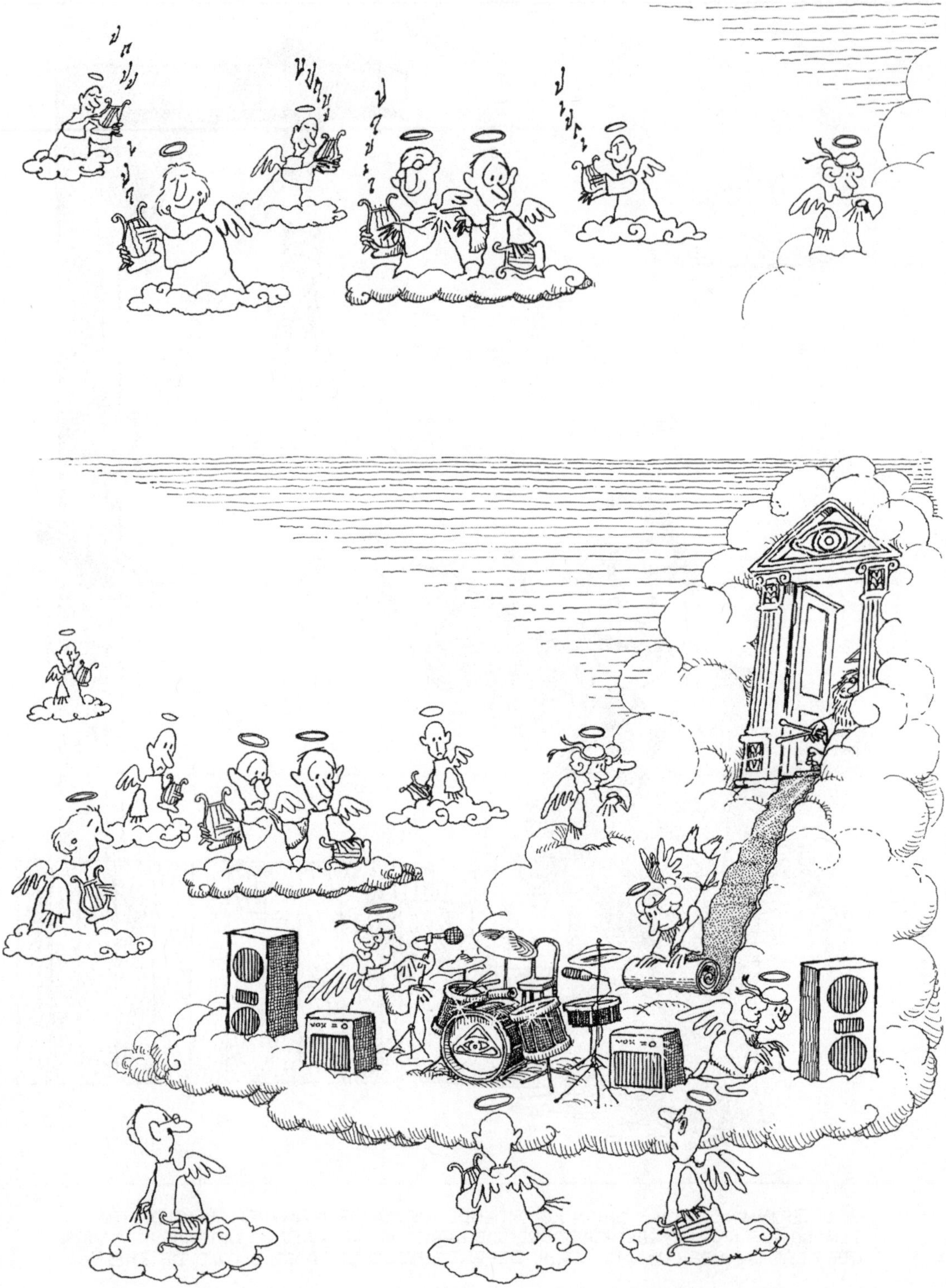

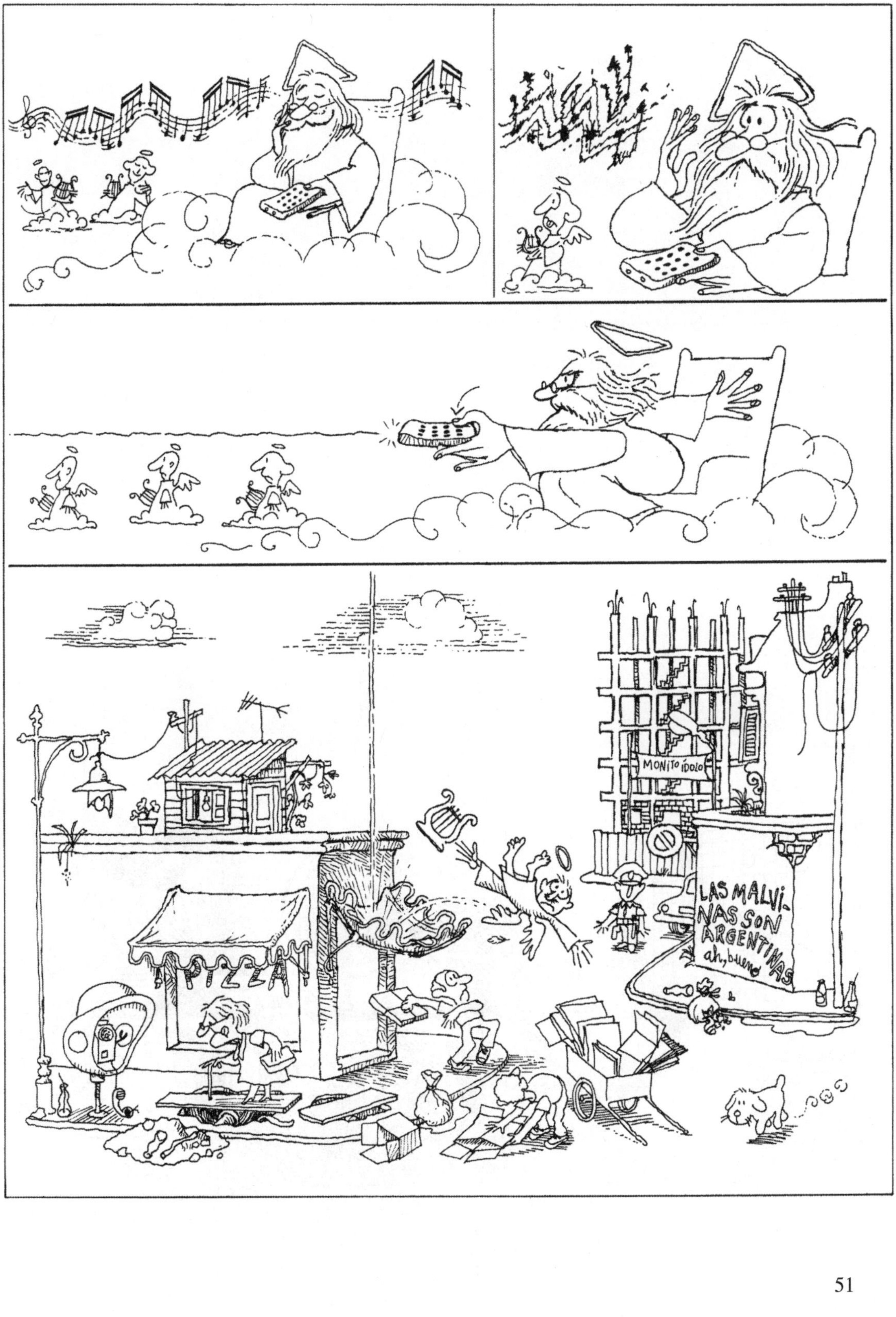
MONITO ÍDOLO
PIZZA
LAS MALVI-NAS SON ARGENTINAS
ah, bueno

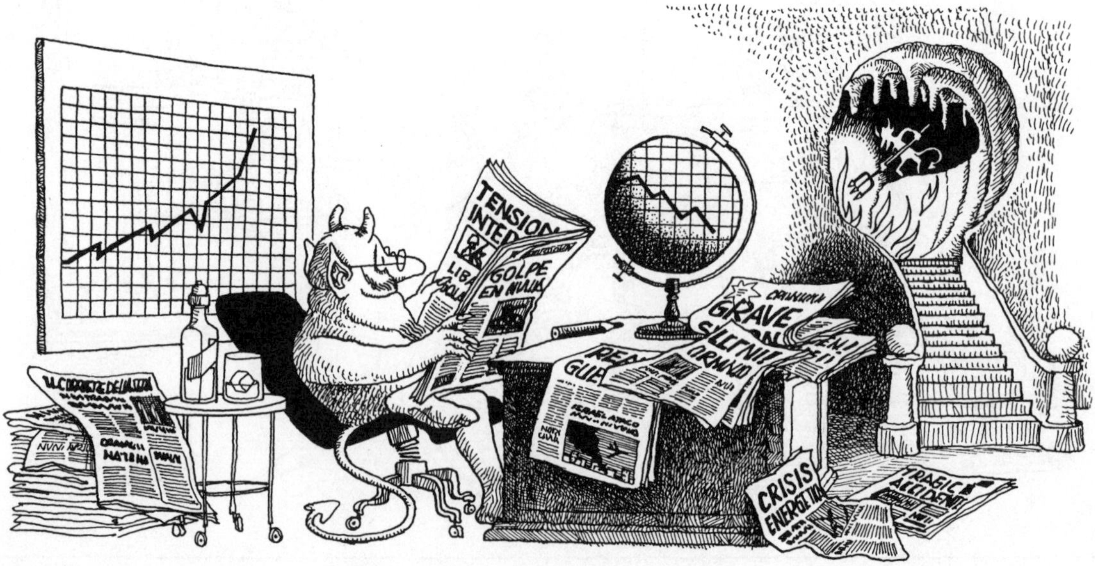
TENSION
GOLPE
GRAVE
CRISIS

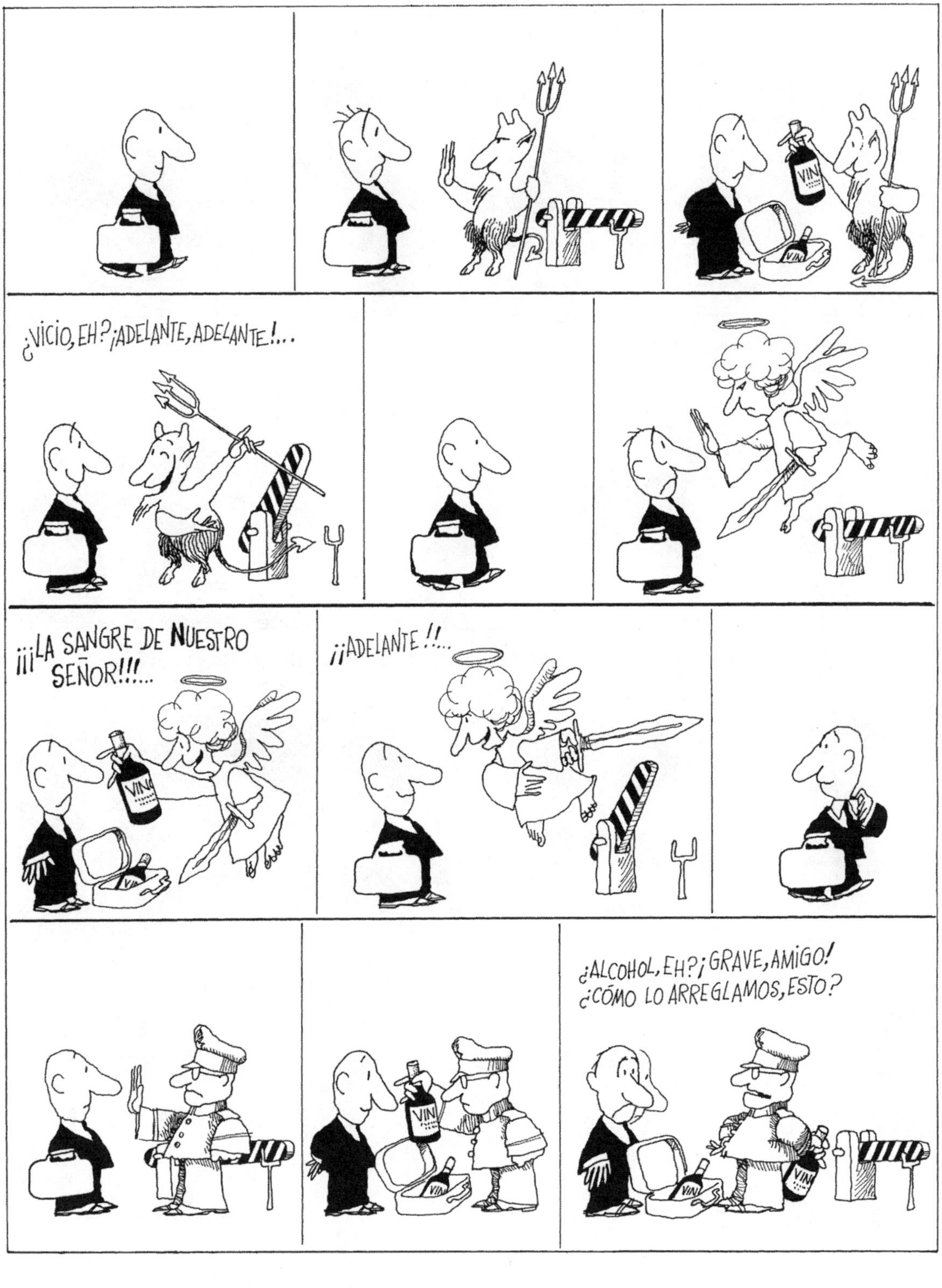

¿VICIO, EH? ¡ADELANTE, ADELANTE!...
¡¡¡LA SANGRE DE NUESTRO SEÑOR!!!...
¡¡ADELANTE!!...
¿ALCOHOL, EH? ¡GRAVE, AMIGO! ¿CÓMO LO ARREGLAMOS, ESTO?

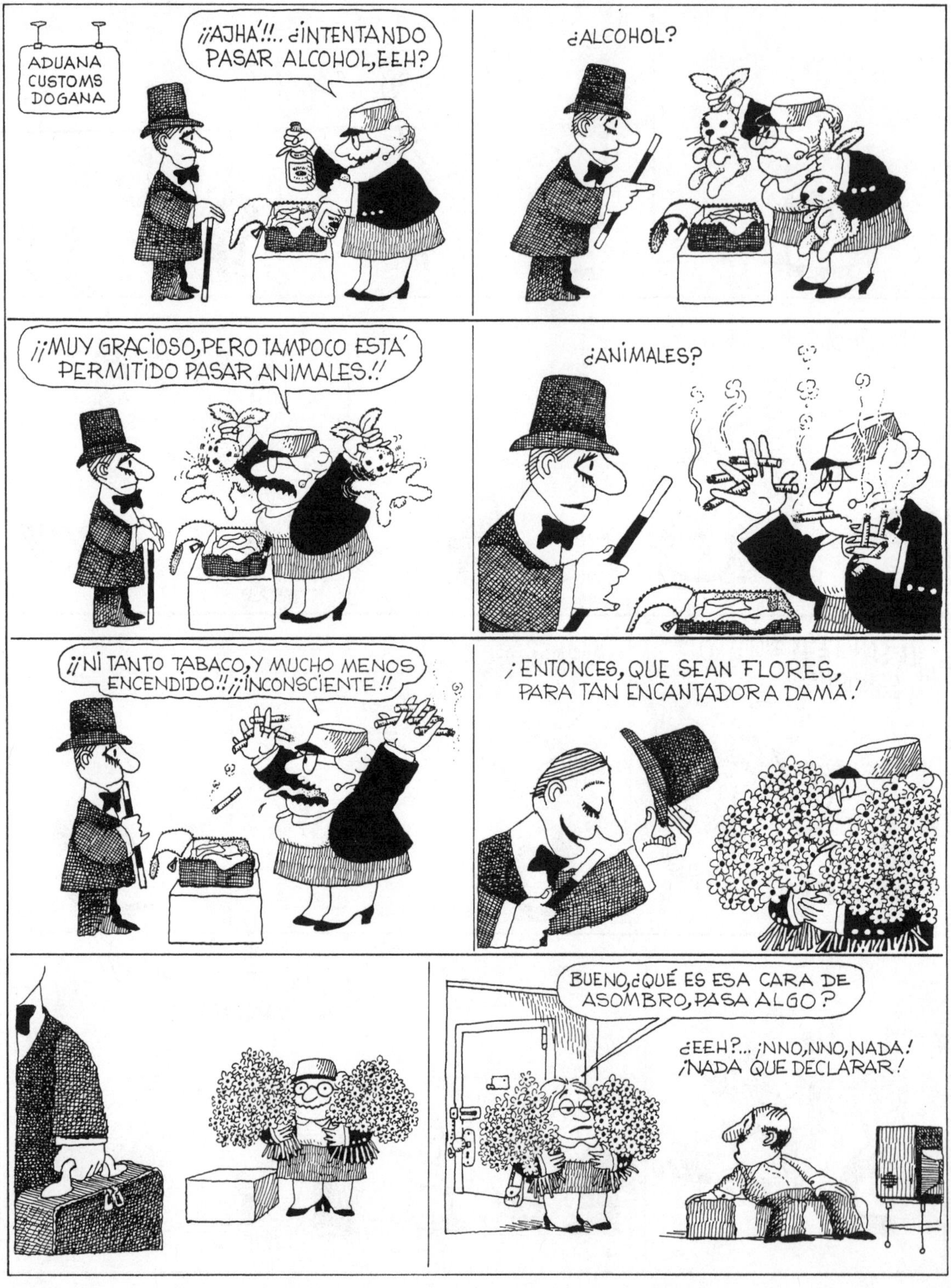
ADUANA
CUSTOMS
DOGANA
¡¡AJHÁ!!.. ¿INTENTANDO PASAR ALCOHOL, EEH?
¿ALCOHOL?
¡¡MUY GRACIOSO, PERO TAMPOCO ESTÁ PERMITIDO PASAR ANIMALES.!!
¿ANIMALES?
¡¡NI TANTO TABACO, Y MUCHO MENOS ENCENDIDO!! ¡¡INCONSCIENTE!!
¡ENTONCES, QUE SEAN FLORES, PARA TAN ENCANTADORA DAMA!
BUENO, ¿QUÉ ES ESA CARA DE ASOMBRO, PASA ALGO?
¿EEH?... ¡NNO, NNO, NADA! ¡NADA QUE DECLARAR!

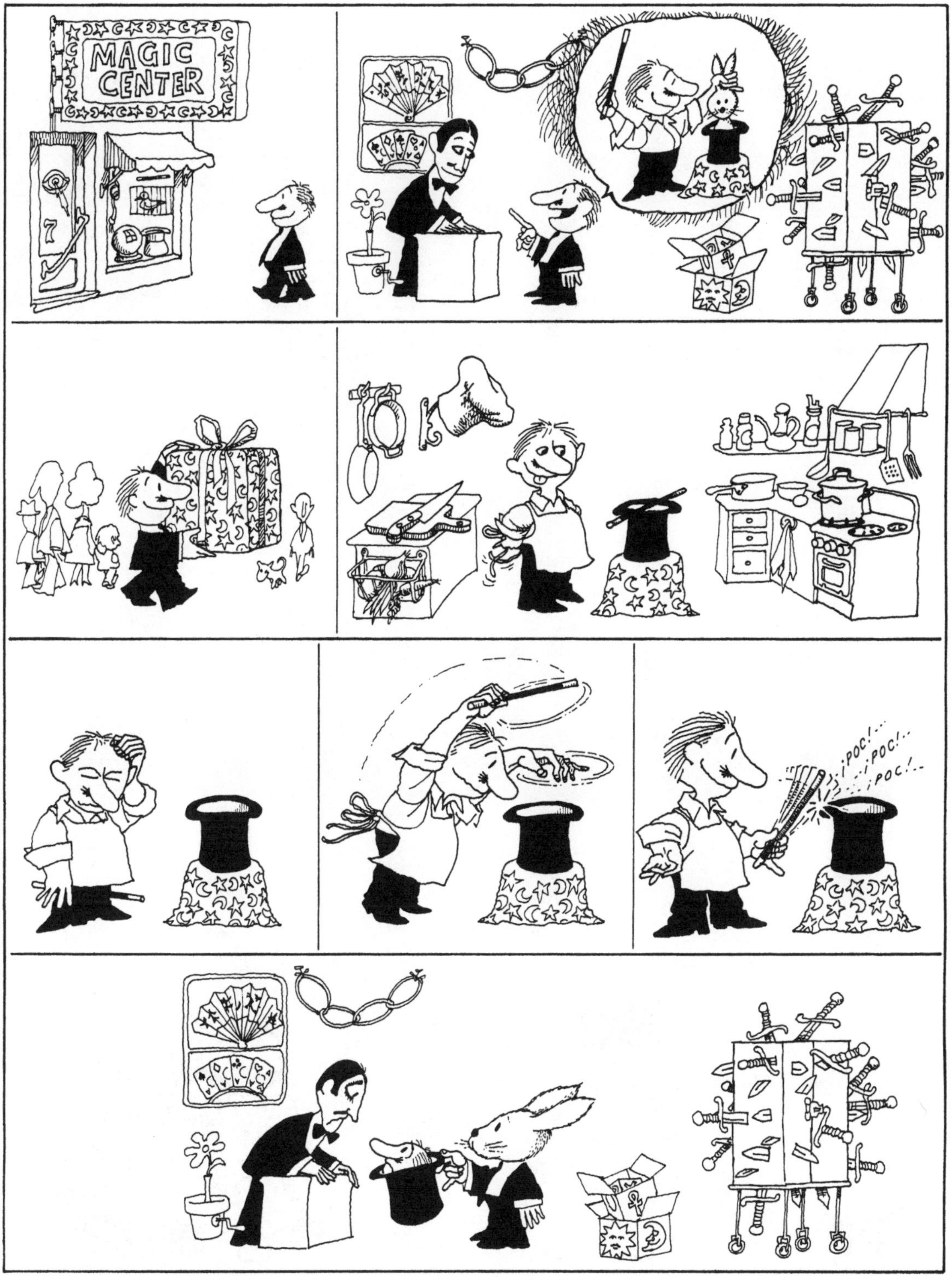
MAGIC CENTER
¡POC!...
¡POC!...
¡POC!...

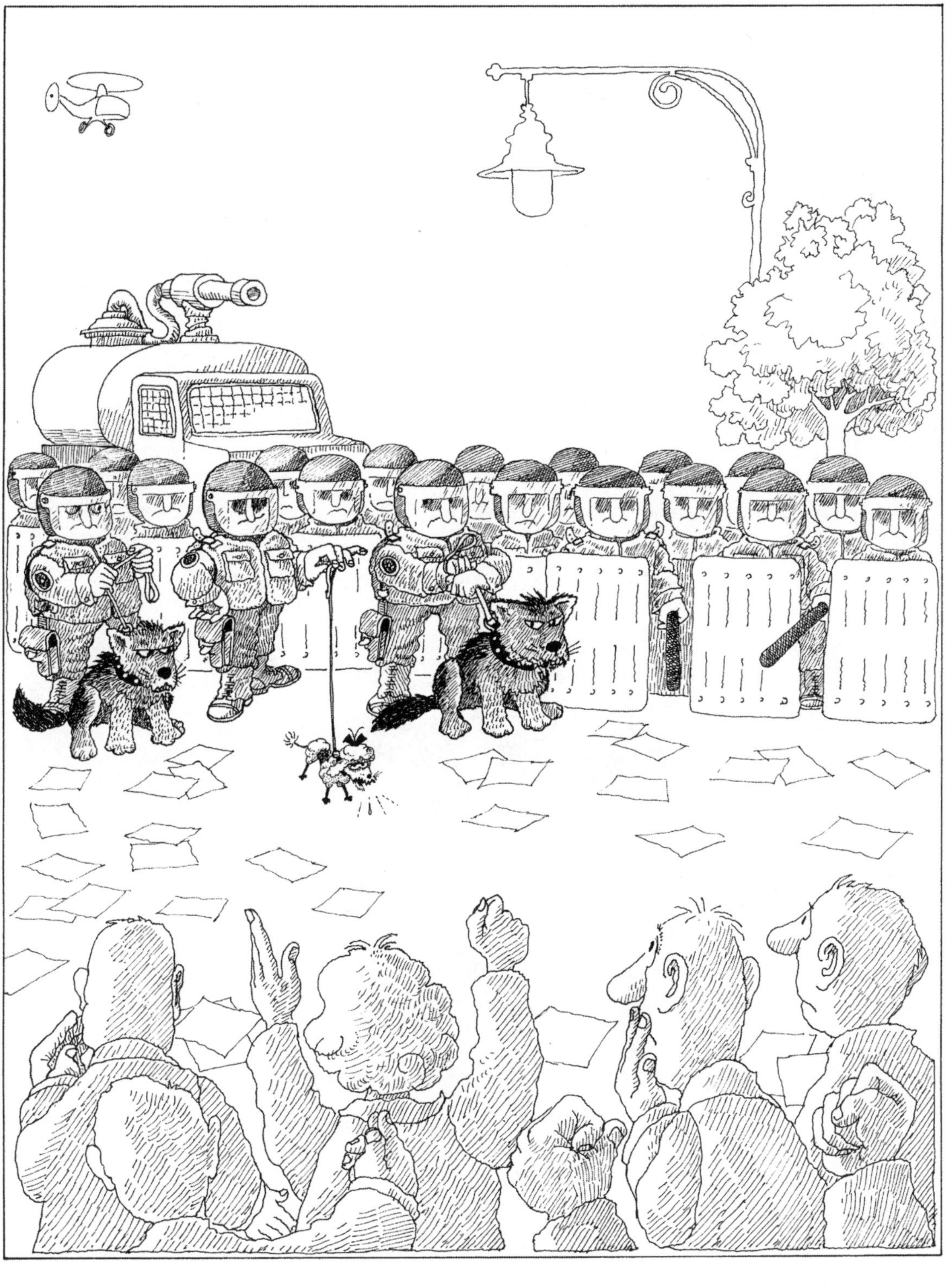

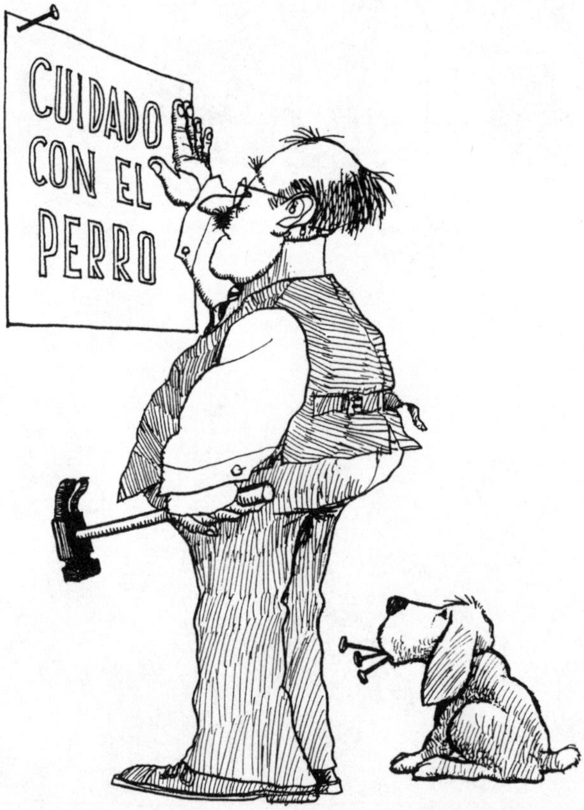
CUIDADO
CON EL
PERRO

SNIF
SNIF
SNIF

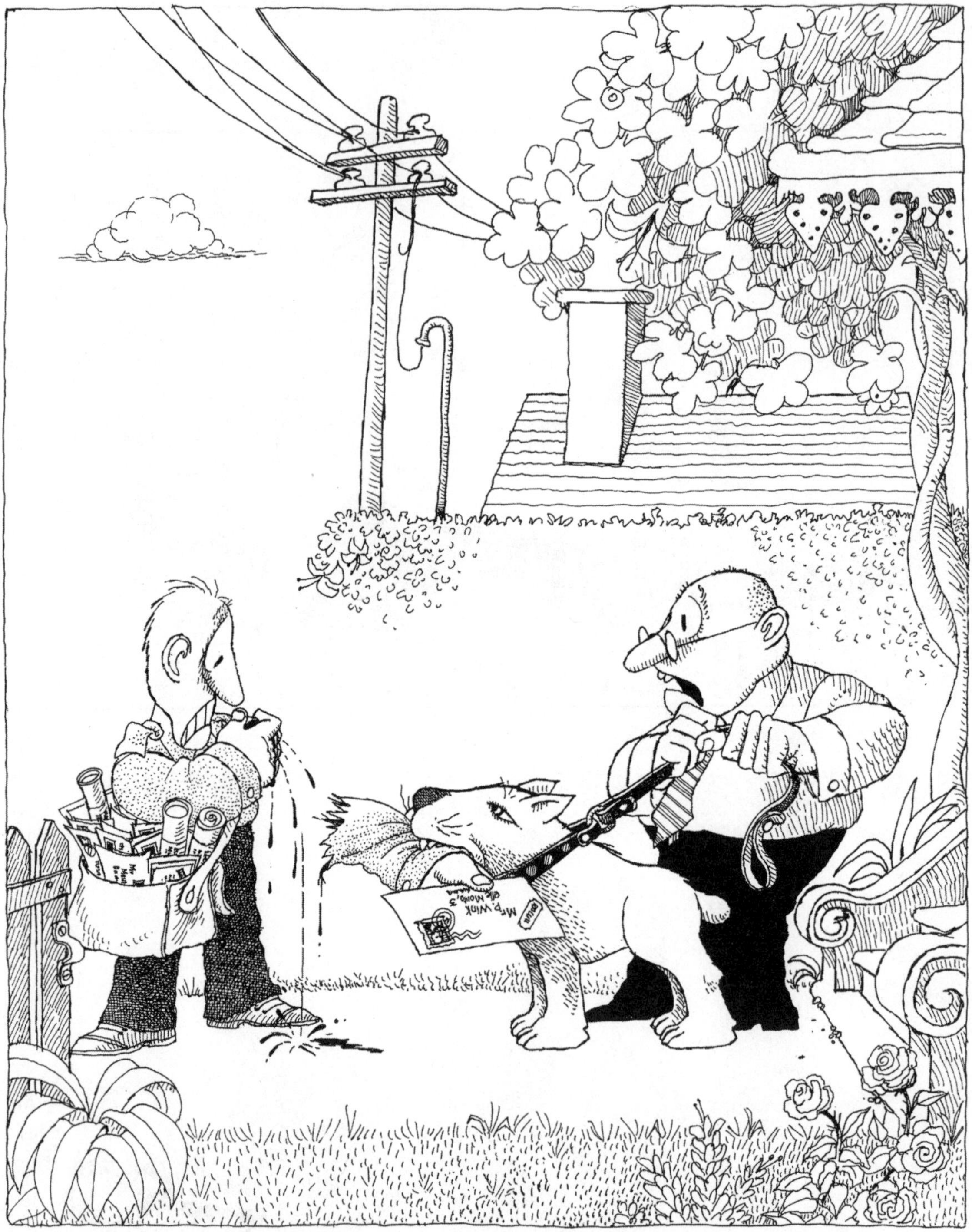

—¡¡SEPA PERDONARLO, POBRE ANIMAL, PIENSE QUE HA SIDO ADIESTRADO POR SERES HUMANOS!!

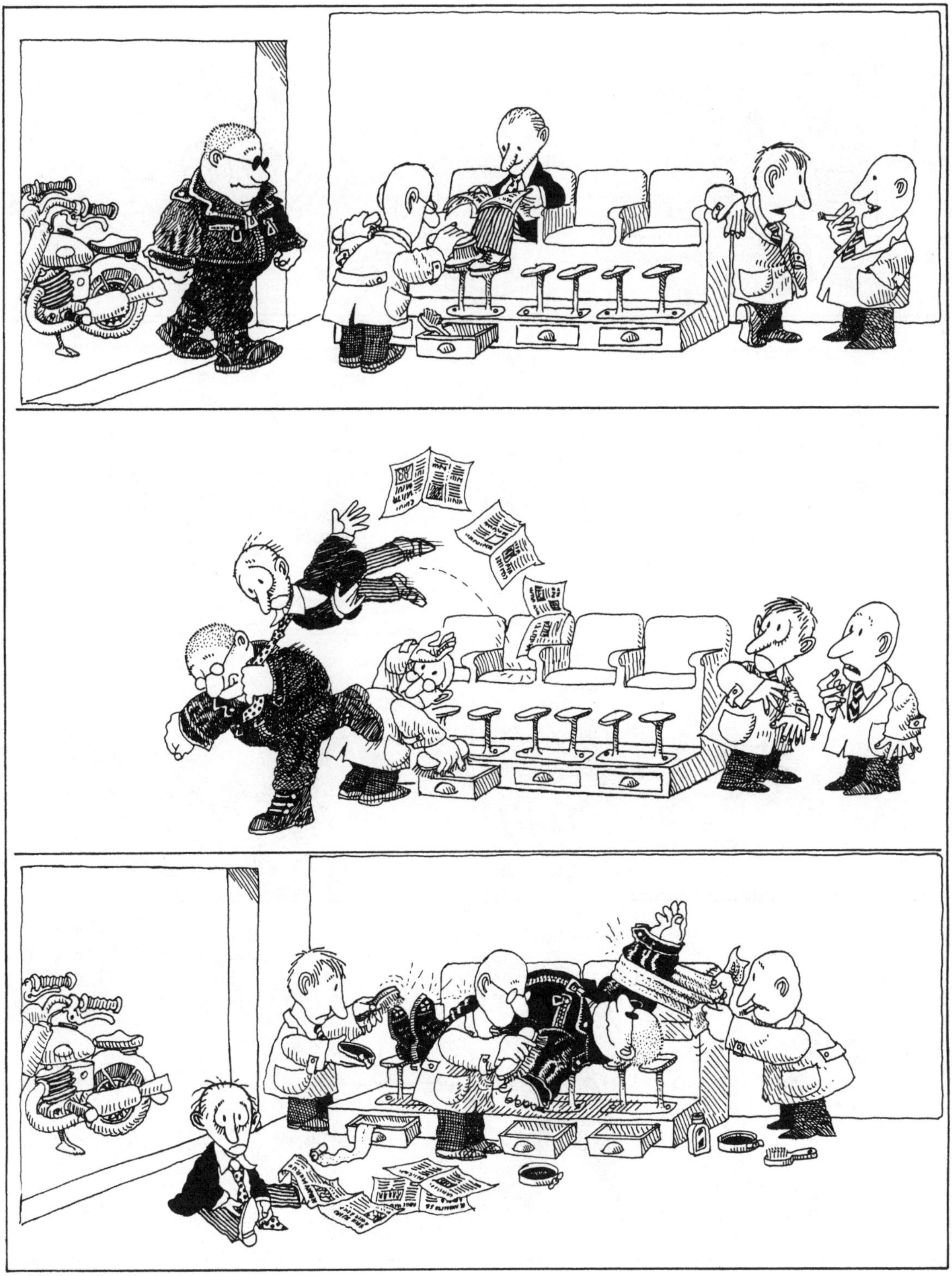

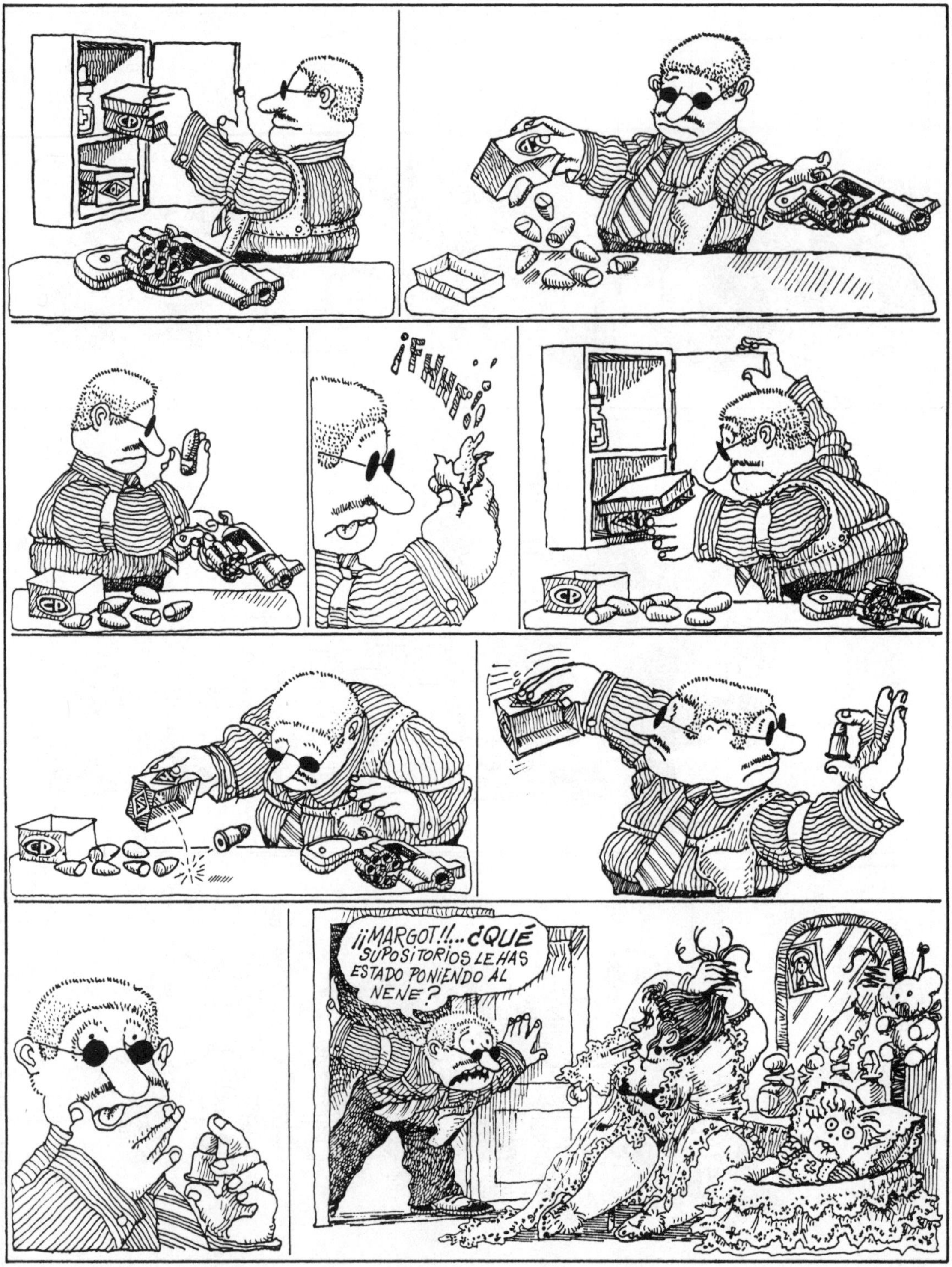
¡FHHT!
¡¡MARGOT!!... ¿QUÉ SUPOSITORIOS LE HAS ESTADO PONIENDO AL NENE?

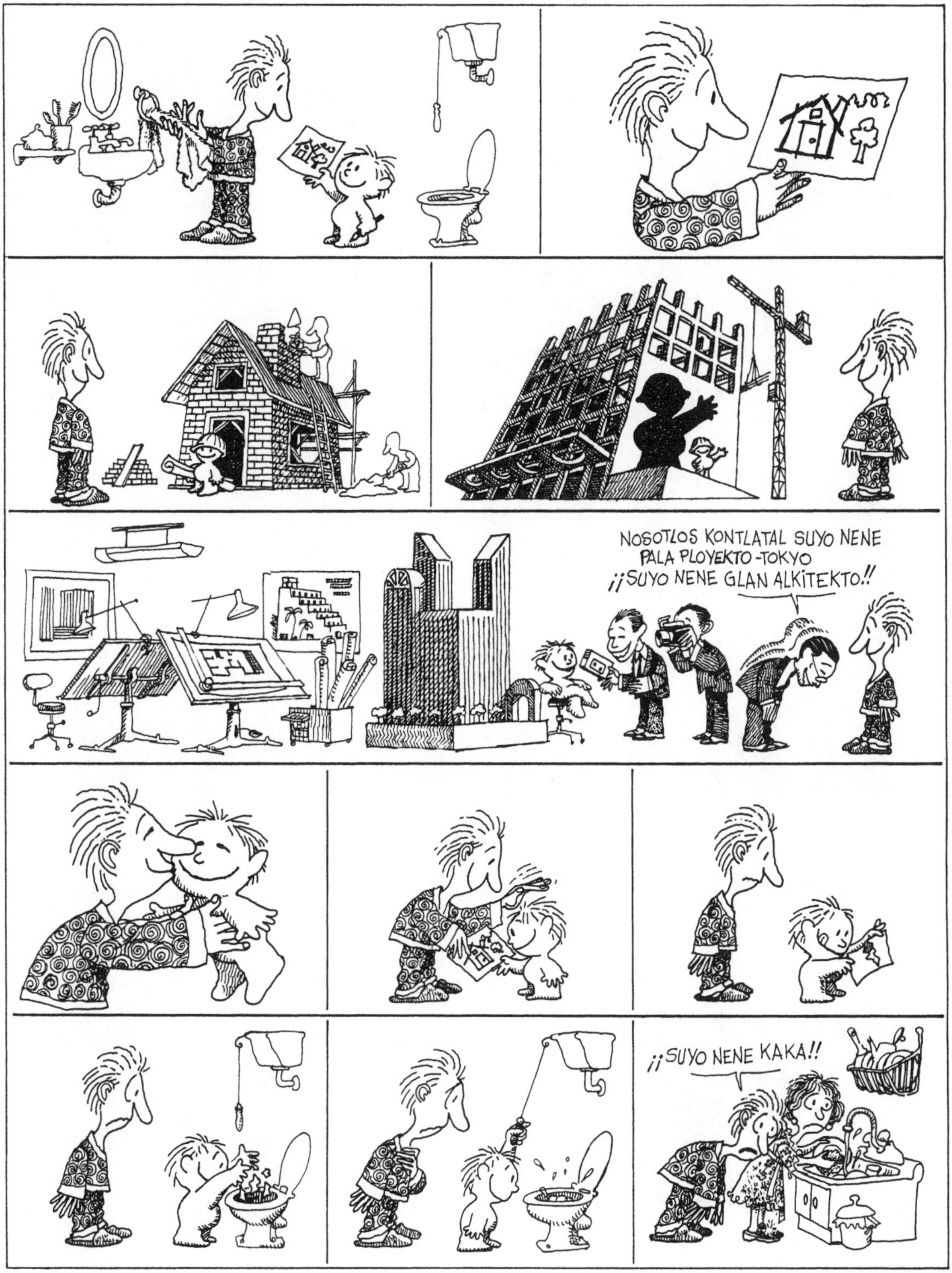
NOSOTLOS KONTLATAL SUYO NENE
PALA PLOYEKTO-TOKYO
¡¡SUYO NENE GLAN ALKITEKTO!!
¡¡SUYO NENE KAKA!!

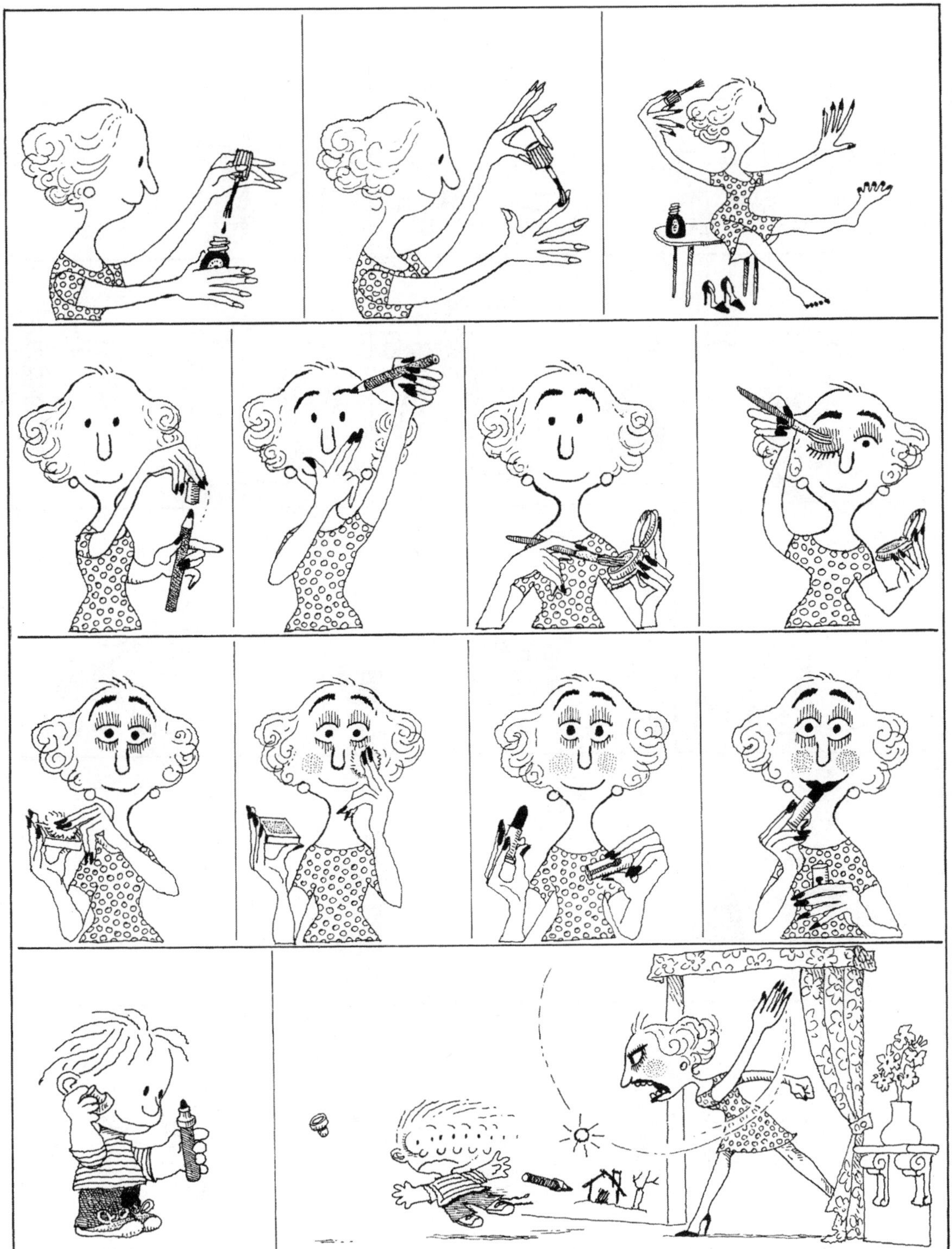

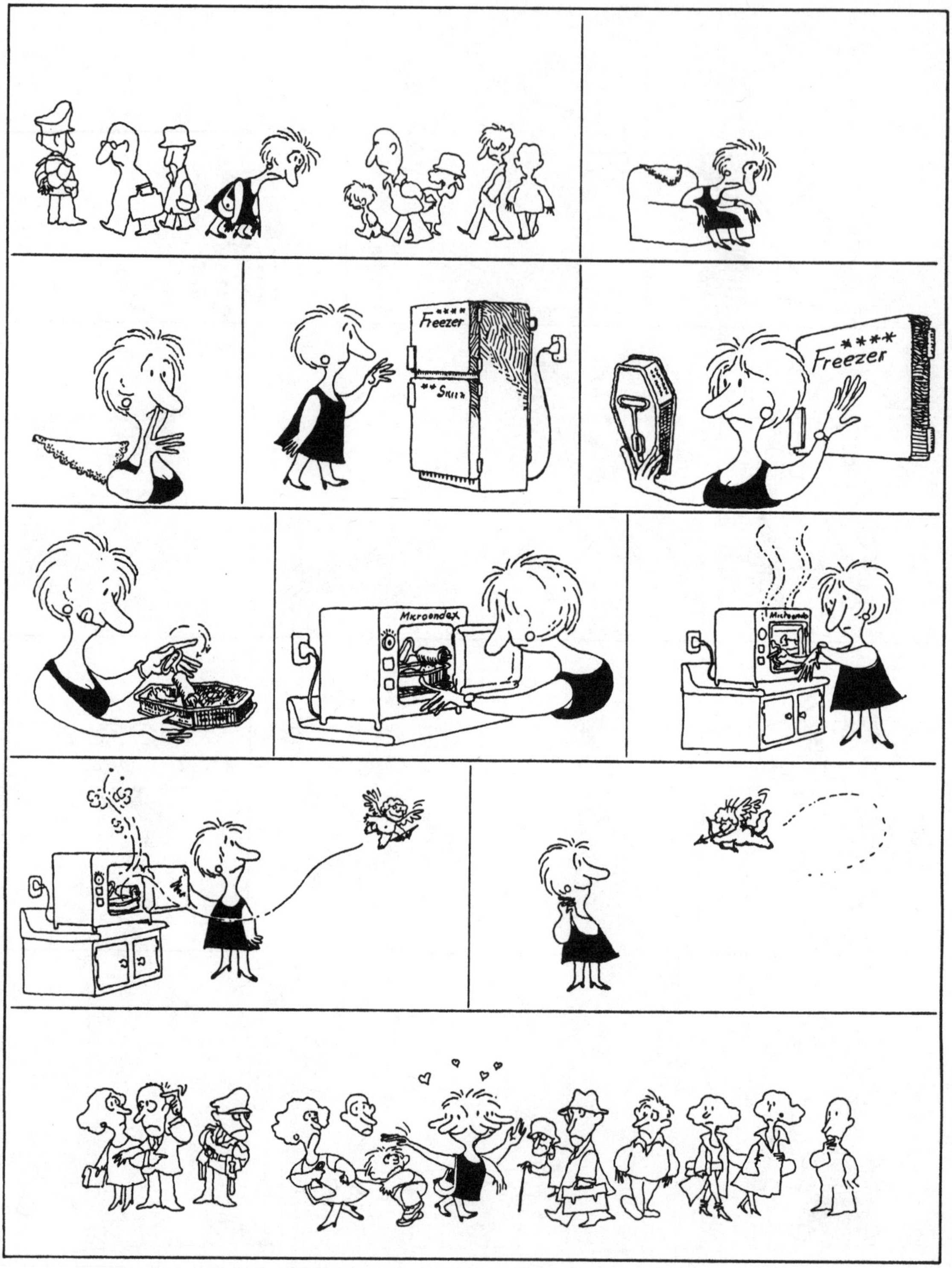

Freezer
Freezer
Microondex

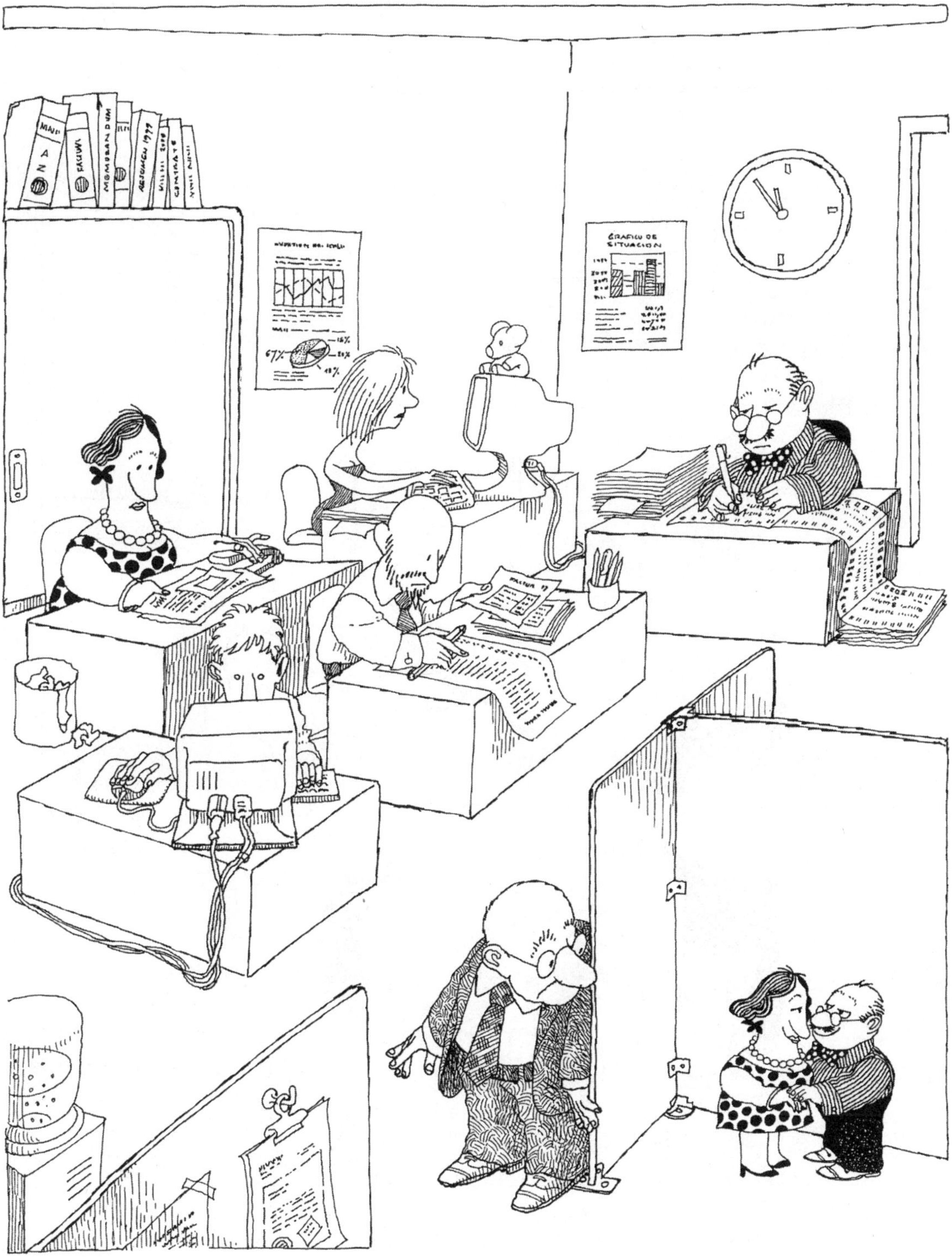
MEMORANDUM
RESUMEN 1999
GRAFICO DE SITUACION
67%
15%
20%
18%

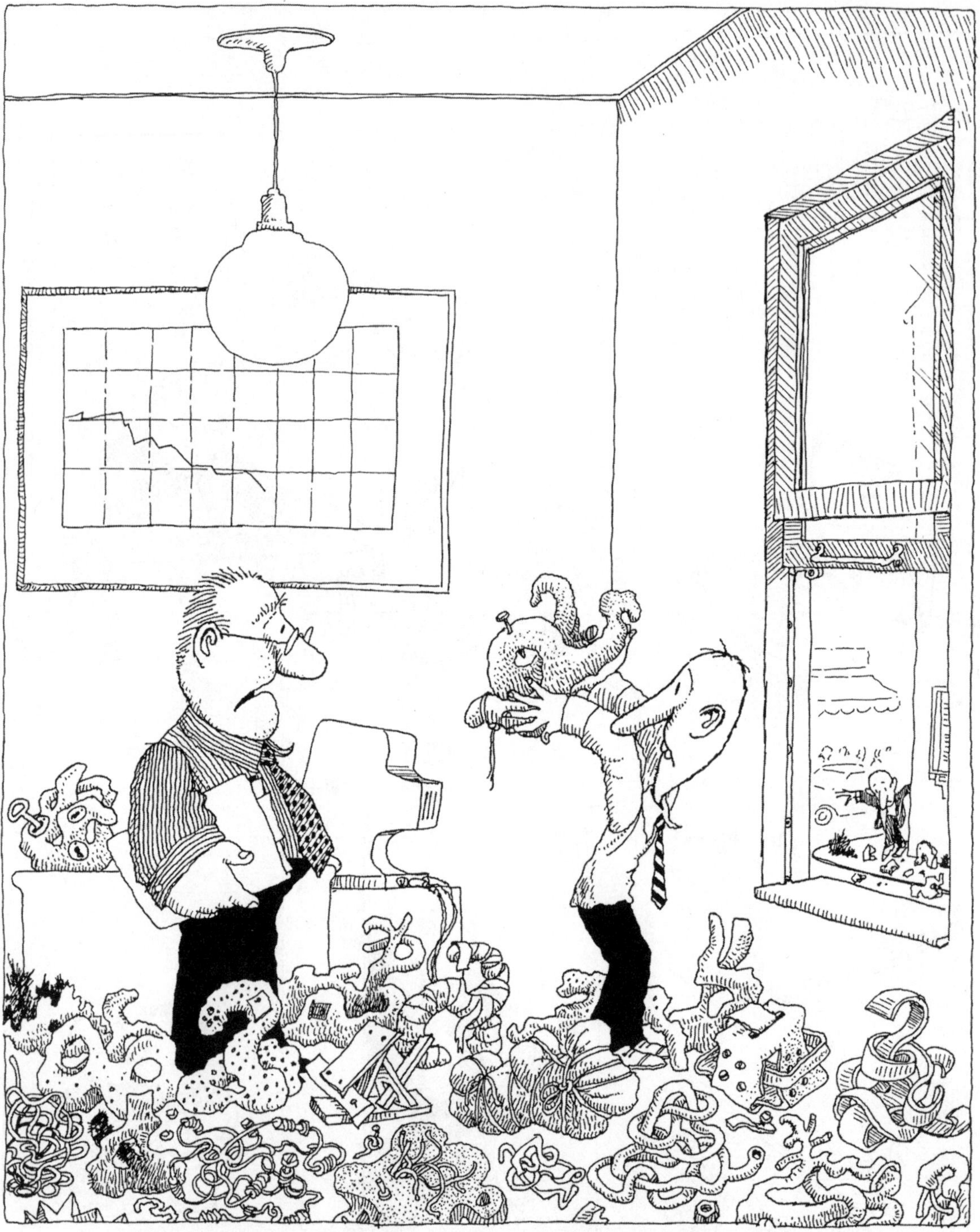

–CALMA, MONTI, NO COMPLIQUE LAS COSAS. LO ÚNICO QUE NOS FALTA ES TENER LÍOS POR ARROJAR A LA VÍA PÚBLICA LOS PROBLEMAS QUE NO PODEMOS RESOLVER.

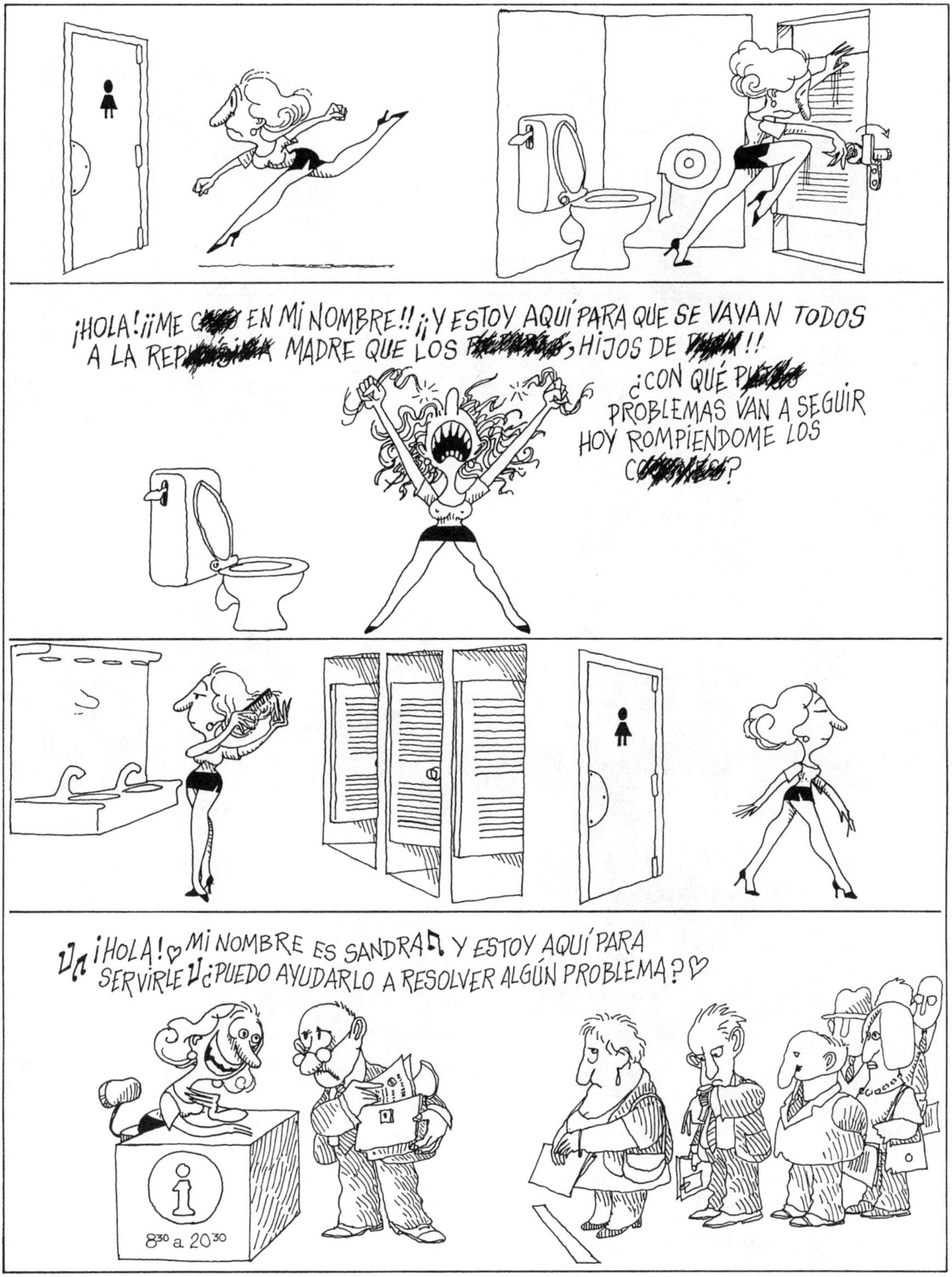
¡HOLA! ¡¡ME C[redacted] EN MI NOMBRE!! ¡¡Y ESTOY AQUÍ PARA QUE SE VAYAN TODOS A LA REP[redacted] MADRE QUE LOS [redacted], HIJOS DE [redacted]!!
¿CON QUÉ P[redacted] PROBLEMAS VAN A SEGUIR HOY ROMPIENDOME LOS C[redacted]?
¡HOLA! MI NOMBRE ES SANDRA Y ESTOY AQUÍ PARA SERVIRLE ¿PUEDO AYUDARLO A RESOLVER ALGÚN PROBLEMA?
8^{30} a 20^{30}

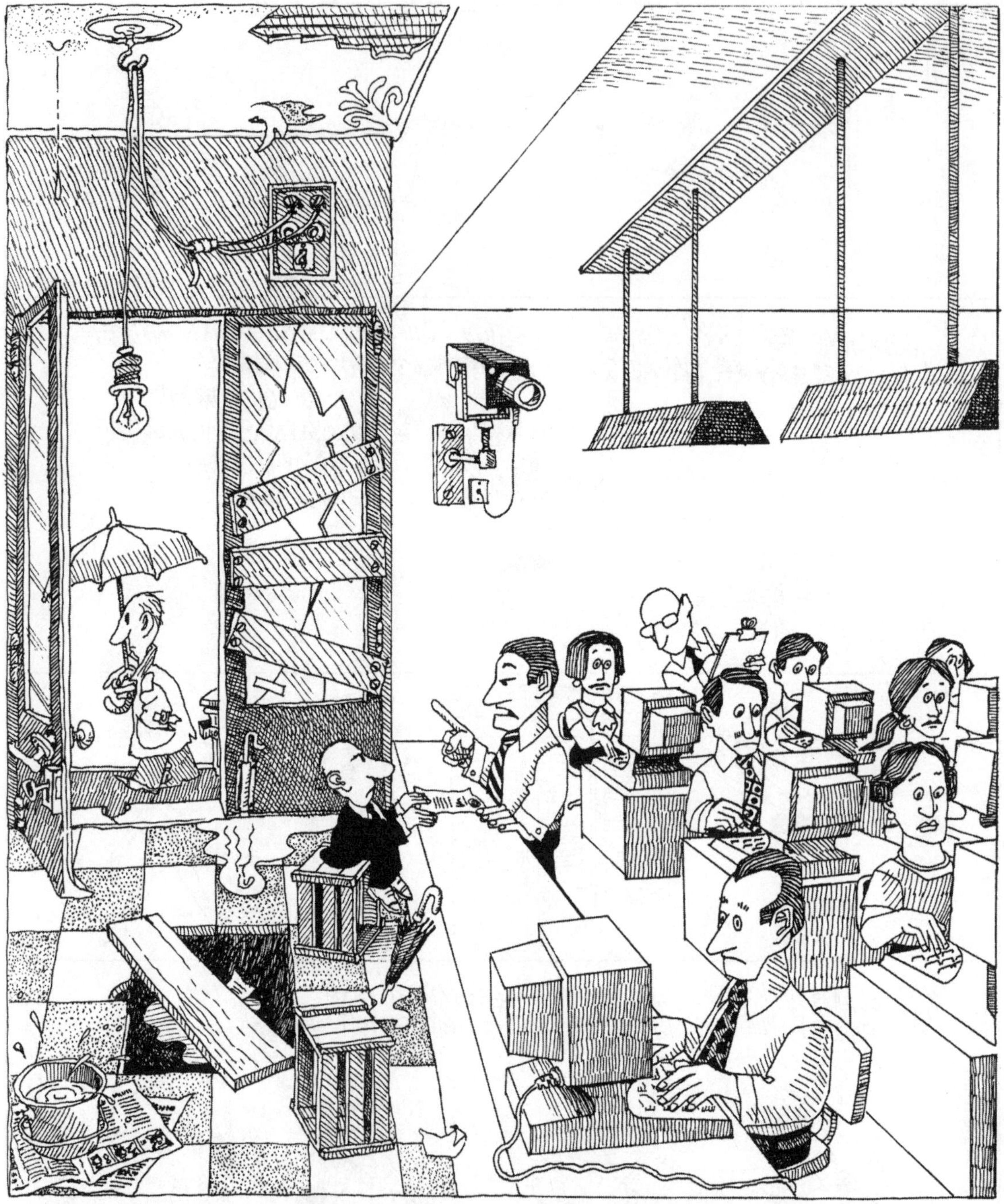

—¿DESIDIA, DICE USTED? PERMÍTAME ACLARARLE QUE SI DE ALGO ESTAMOS ORGULLOSOS EN ESTA EMPRESA ES DE LA METICULOSA EFICIENCIA LOGRADA GRACIAS A LA PERFECTÍSIMA ORGANIZACIÓN INTERNA DE NUESTRAS OFICINAS ALTAMENTE TECNIFICADAS.

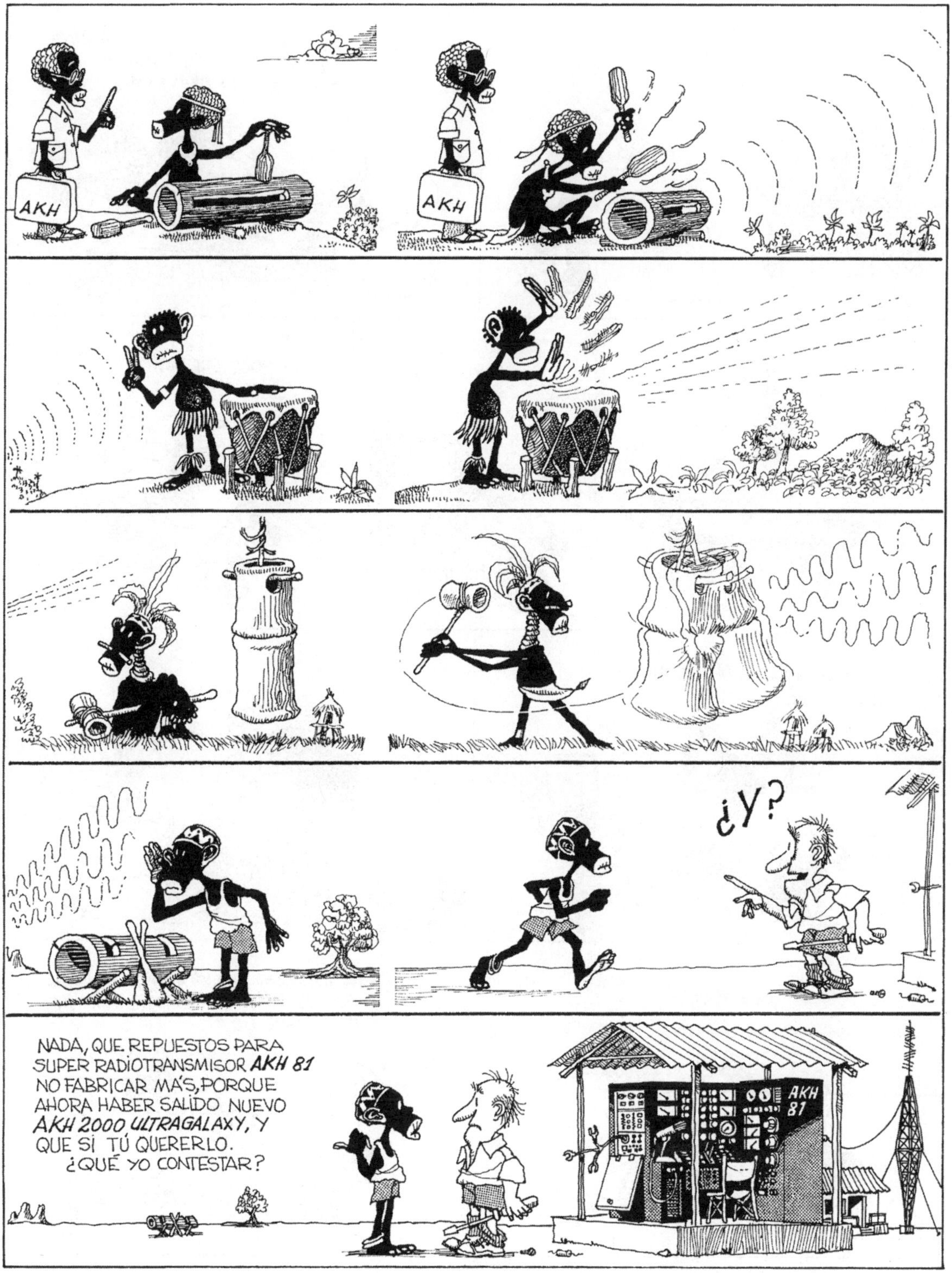
AKH
AKH
¿Y?
NADA, QUE REPUESTOS PARA
SUPER RADIOTRANSMISOR AKH 81
NO FABRICAR MÁS, PORQUE
AHORA HABER SALIDO NUEVO
AKH 2000 ULTRAGALAXY, Y
QUE SÍ TÚ QUERERLO.
¿QUÉ YO CONTESTAR?
AKH
81

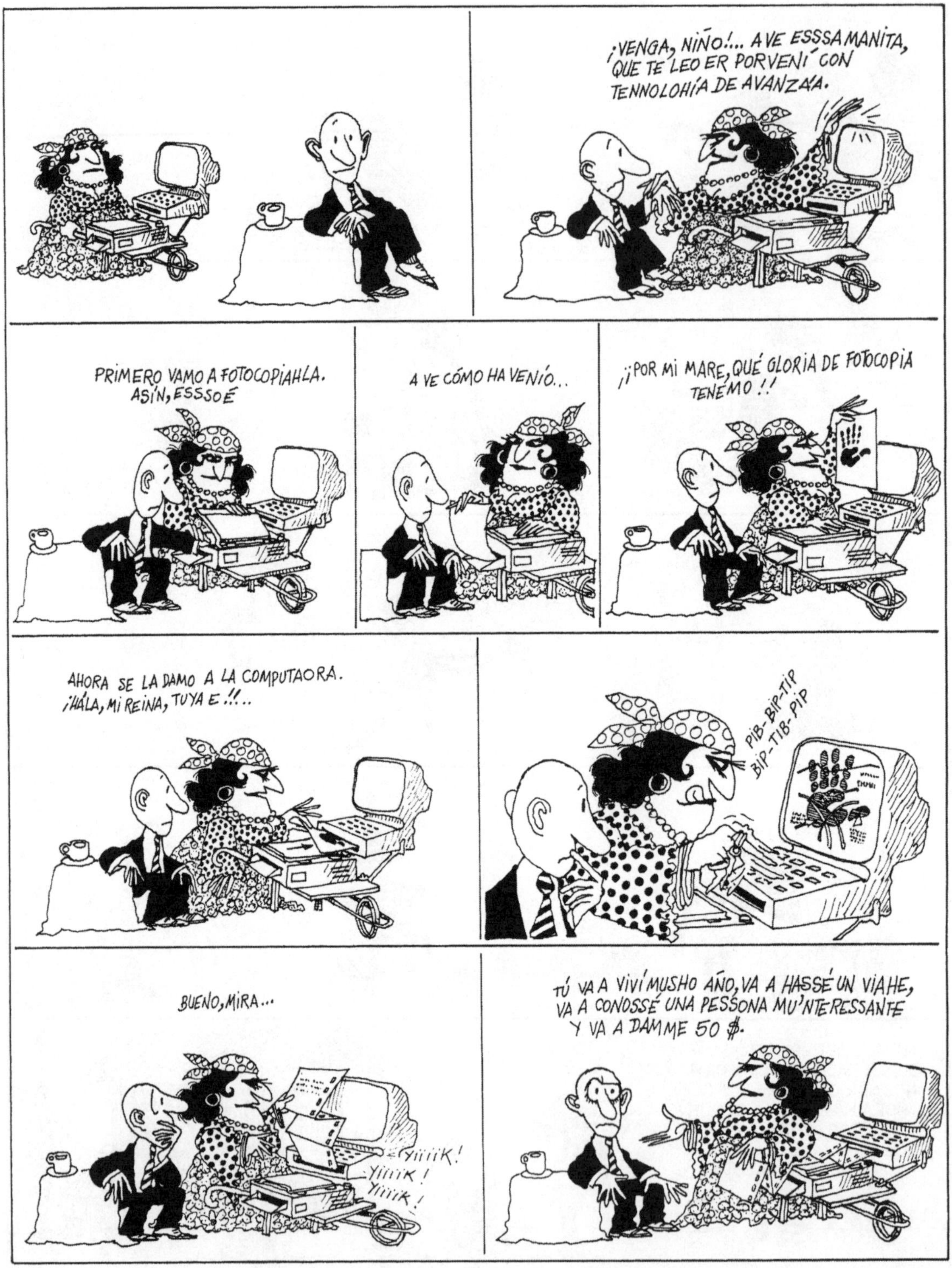
¡VENGA, NIÑO!... A VE ESSSA MANITA, QUE TE LEO ER PORVENÍ CON TENNOLOHÍA DE AVANZA'A.
PRIMERO VAMO A FOTOCOPIAHLA. ASÍN, ESSSO É
A VE CÓMO HA VENÍO...
¡¡POR MI MARE, QUÉ GLORIA DE FOTOCOPIA TENEMO!!
AHORA SE LA DAMO A LA COMPUTAORA. ¡HALA, MI REINA, TUYA E!!!..
PIB-BIP-TIP BIP-TIB-PIP
BUENO, MIRA...
YIIIIK! YIIIIK! YIIIIK!
TÚ VA A VIVÍ MUSHO AÑO, VA A HASSÉ UN VIAHE, VA A CONOSSÉ UNA PESSONA MU'NTERESSANTE Y VA A DAMME 50 $.

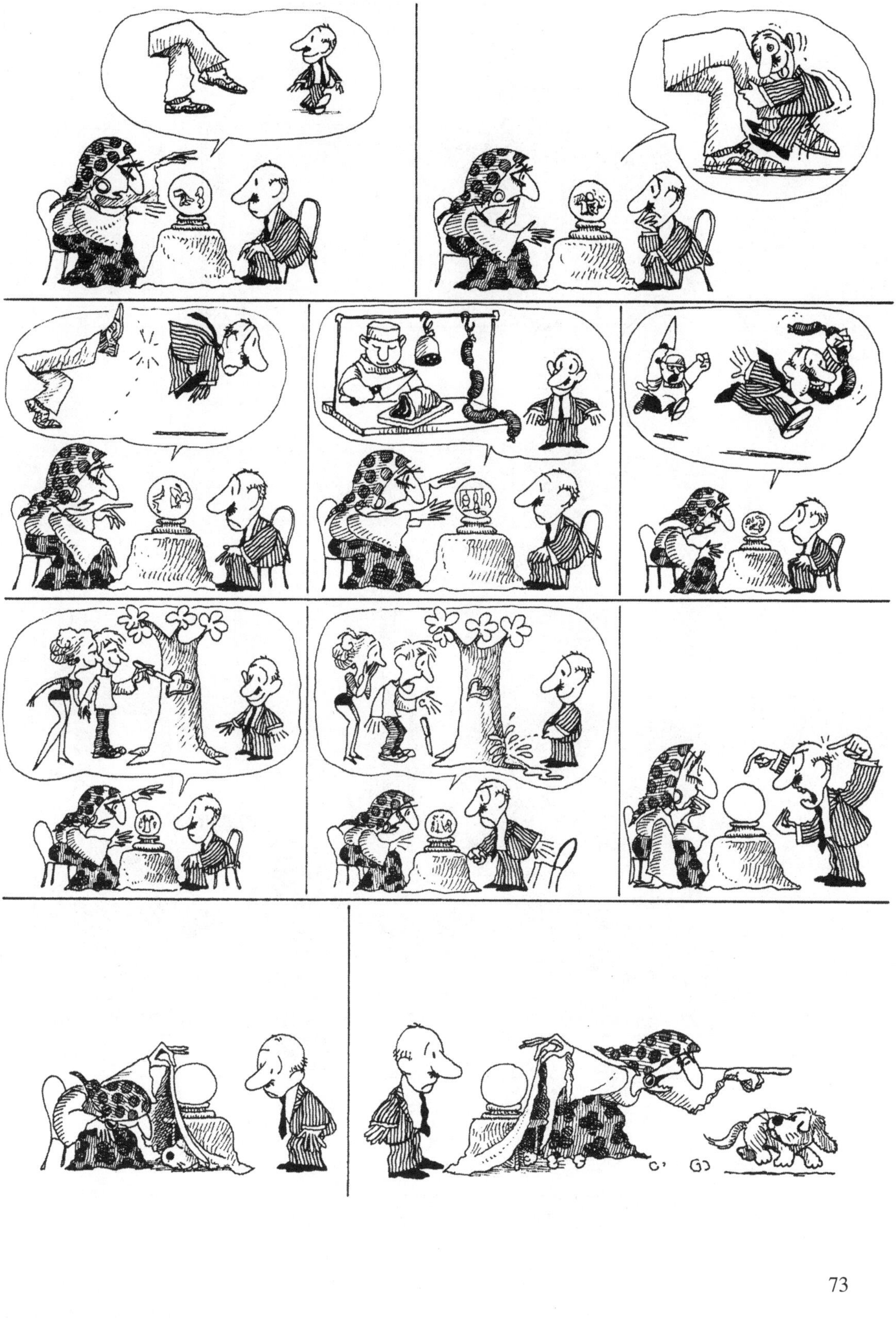

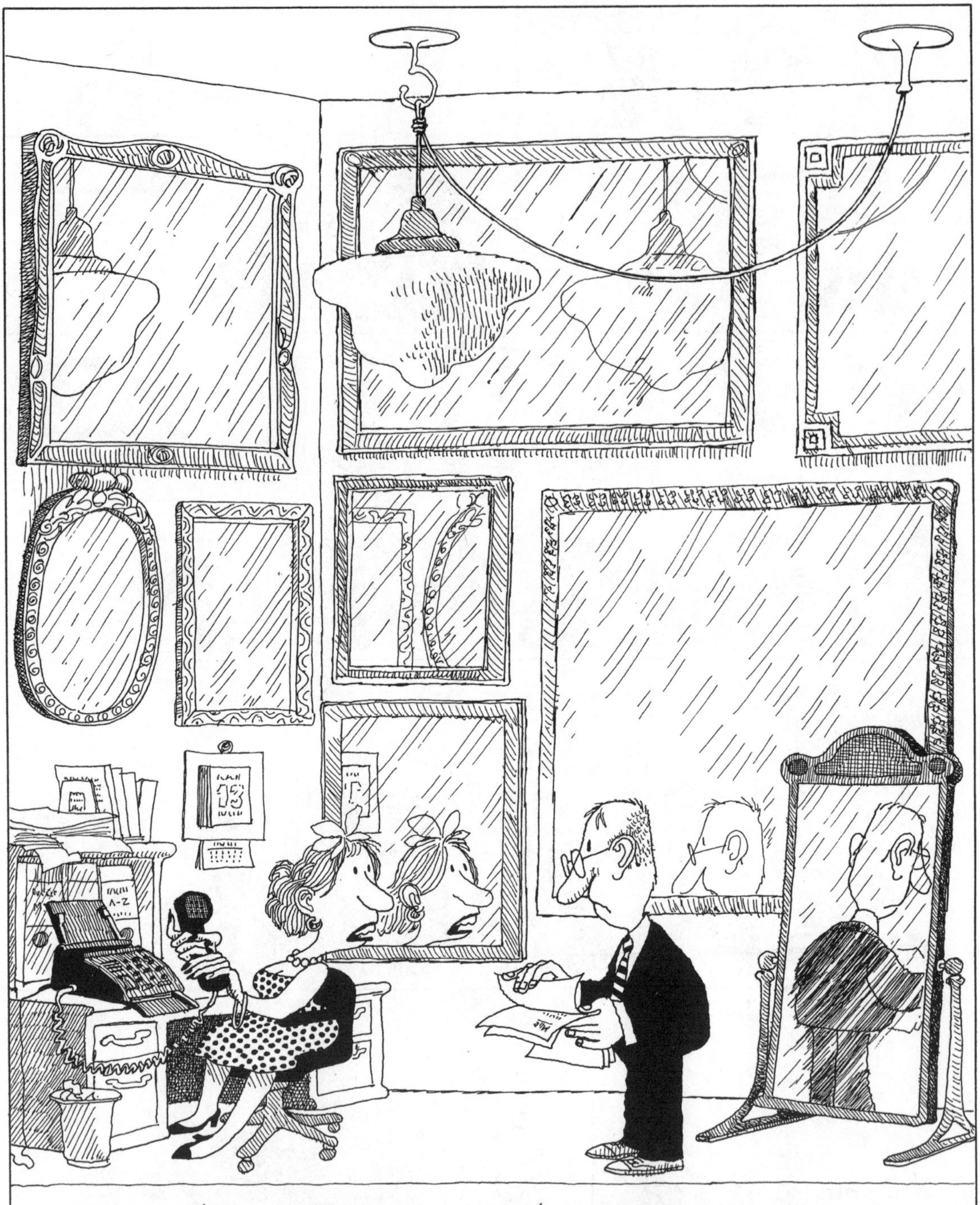

~ES UNA SEÑORA,...DICE QUE NOS COMPRÓ UN ESPEJO HACE COSA DE 18 O 20 AÑOS Y QUE AHORA TIENE UN PROBLEMA DE IMAGEN ARRUGADA,... PREGUNTA SI AÚN ESTÁ EN GARANTÍA, SI DEBE CAMBIARLO POR UNO NUEVO O SI PODEMOS PLANCHÁRSELO, EL ESPEJO.

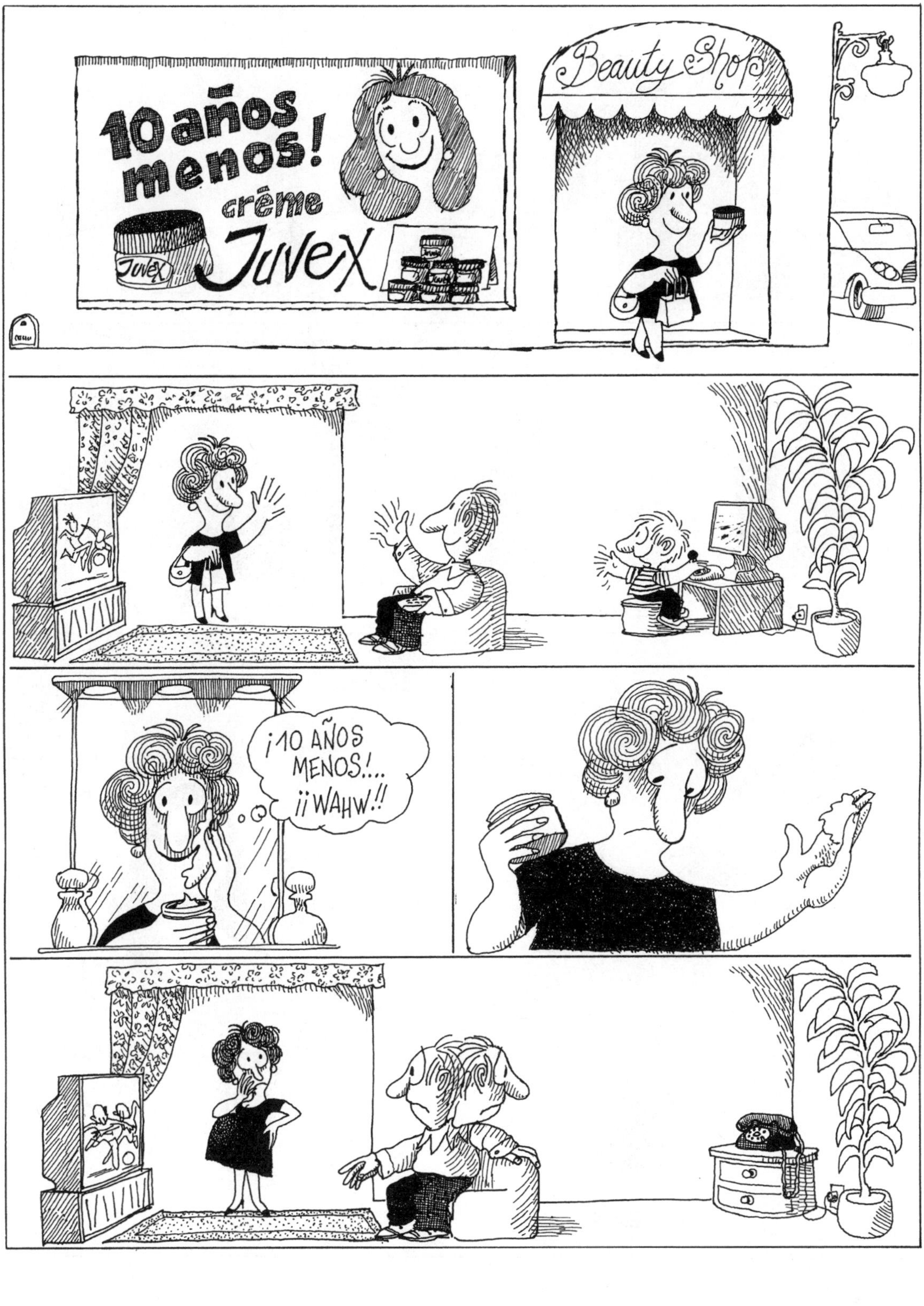
10 años menos! crême Juvex
Juvex
Beauty Shop
¡10 AÑOS MENOS!... ¡¡WAHW!!

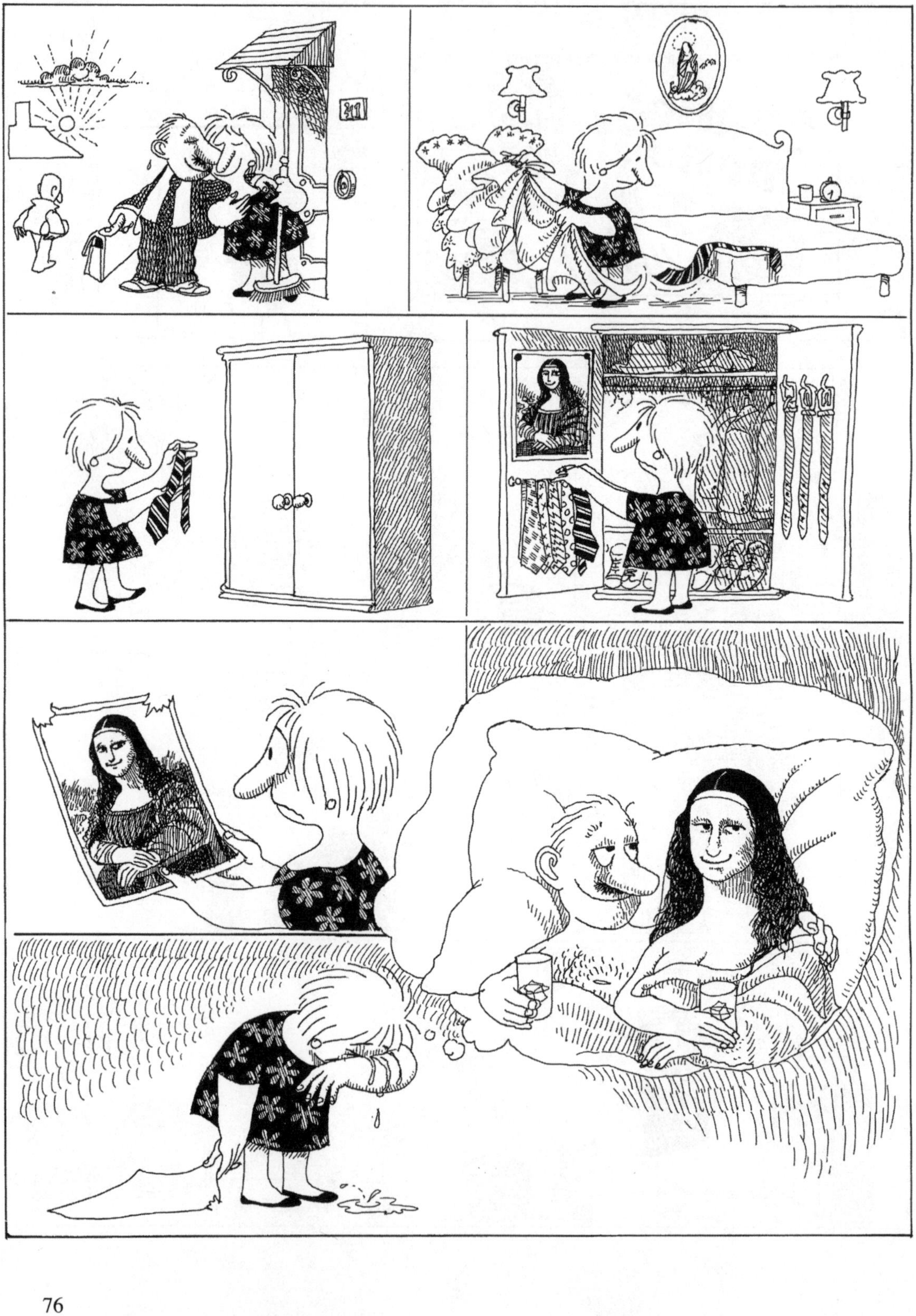

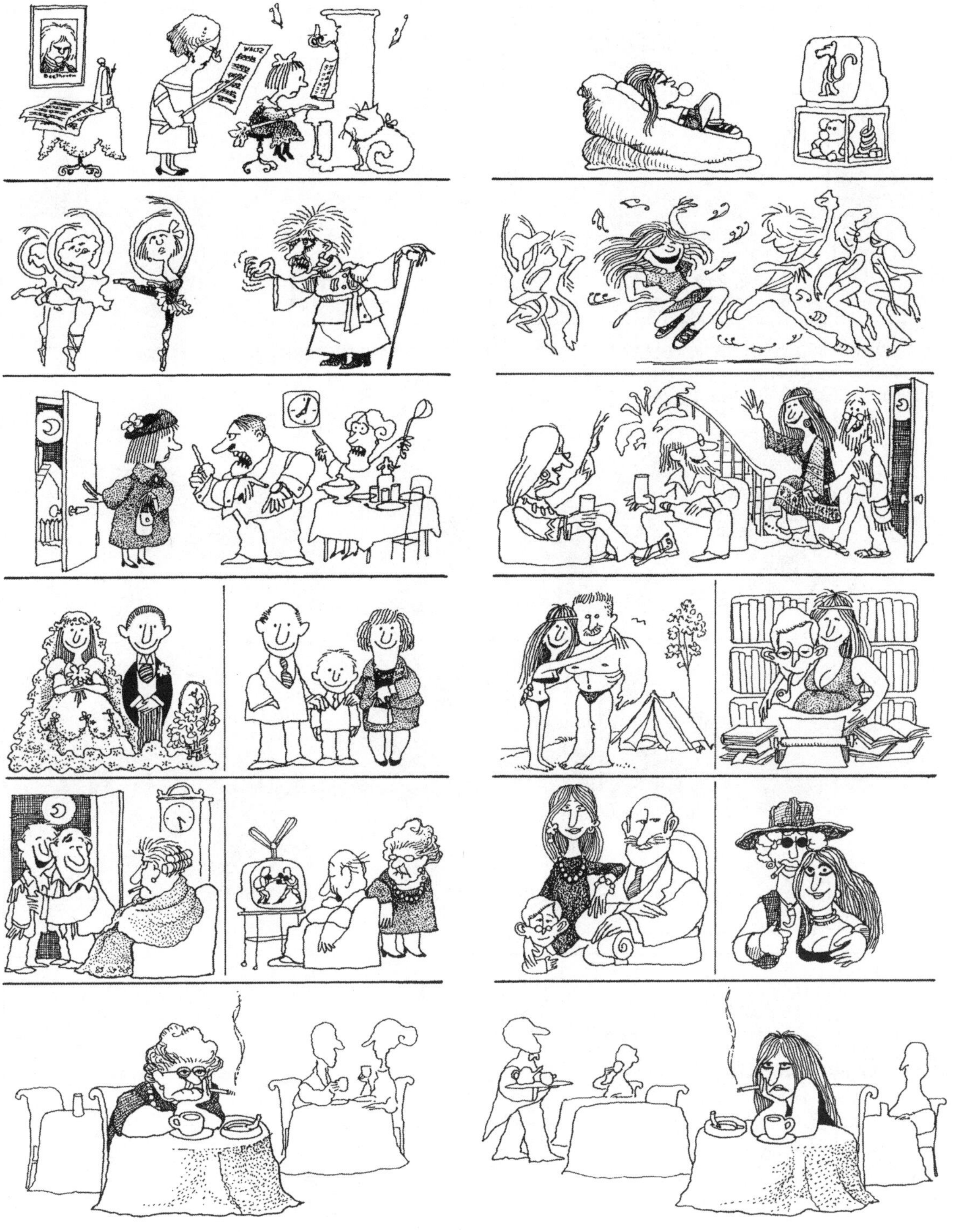
WALTZ

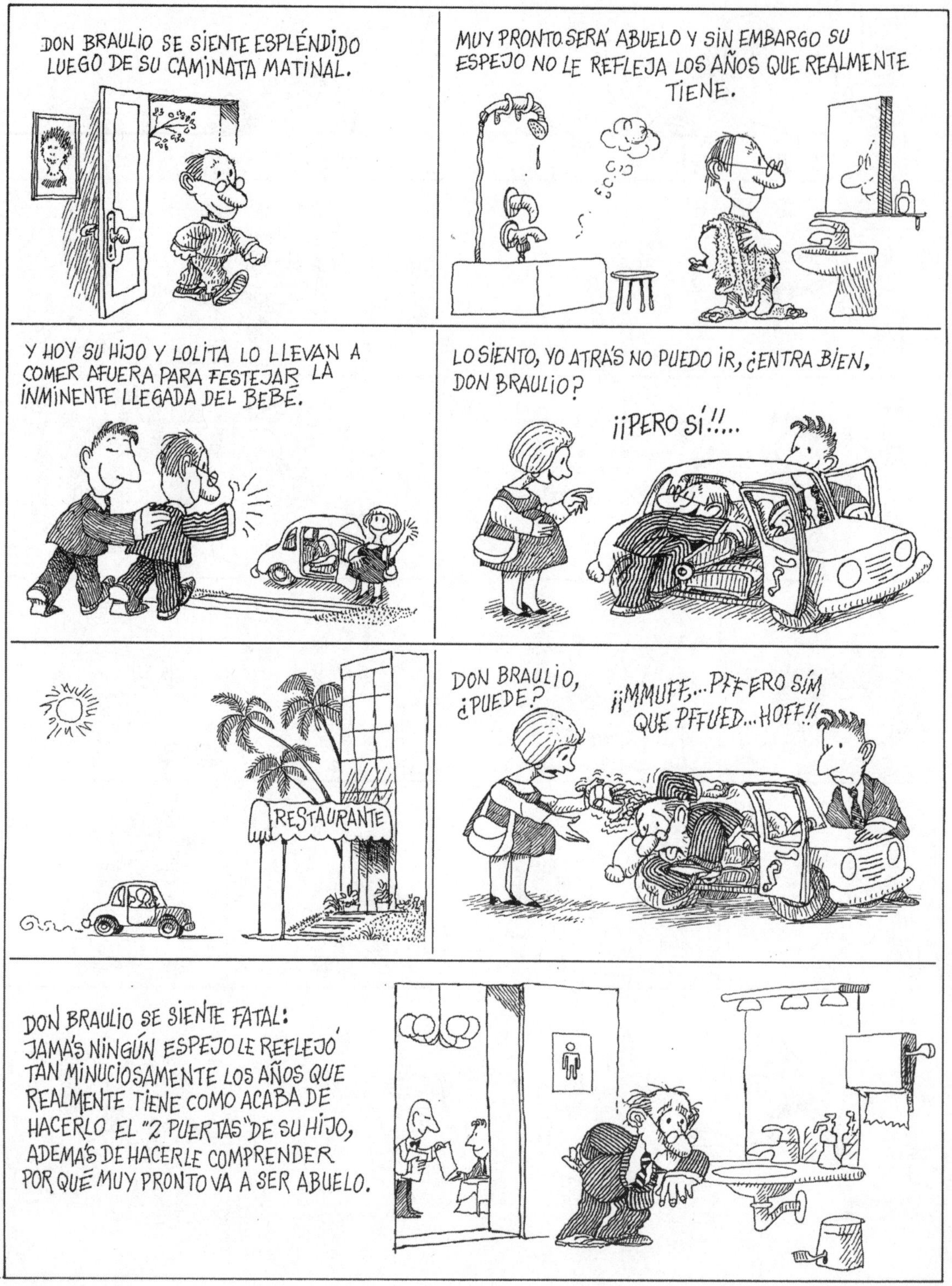
DON BRAULIO SE SIENTE ESPLÉNDIDO LUEGO DE SU CAMINATA MATINAL.
MUY PRONTO SERÁ ABUELO Y SIN EMBARGO SU ESPEJO NO LE REFLEJA LOS AÑOS QUE REALMENTE TIENE.
Y HOY SU HIJO Y LOLITA LO LLEVAN A COMER AFUERA PARA FESTEJAR LA INMINENTE LLEGADA DEL BEBÉ.
LO SIENTO, YO ATRÁS NO PUEDO IR, ¿ENTRA BIEN, DON BRAULIO?
¡¡PERO SÍ!!...
RESTAURANTE
DON BRAULIO, ¿PUEDE?
¡¡MMUFF... PFFERO SÍM QUE PFFUED... HOFF!!
DON BRAULIO SE SIENTE FATAL: JAMÁS NINGÚN ESPEJO LE REFLEJÓ TAN MINUCIOSAMENTE LOS AÑOS QUE REALMENTE TIENE COMO ACABA DE HACERLO EL "2 PUERTAS" DE SU HIJO, ADEMÁS DE HACERLE COMPRENDER POR QUÉ MUY PRONTO VA A SER ABUELO.

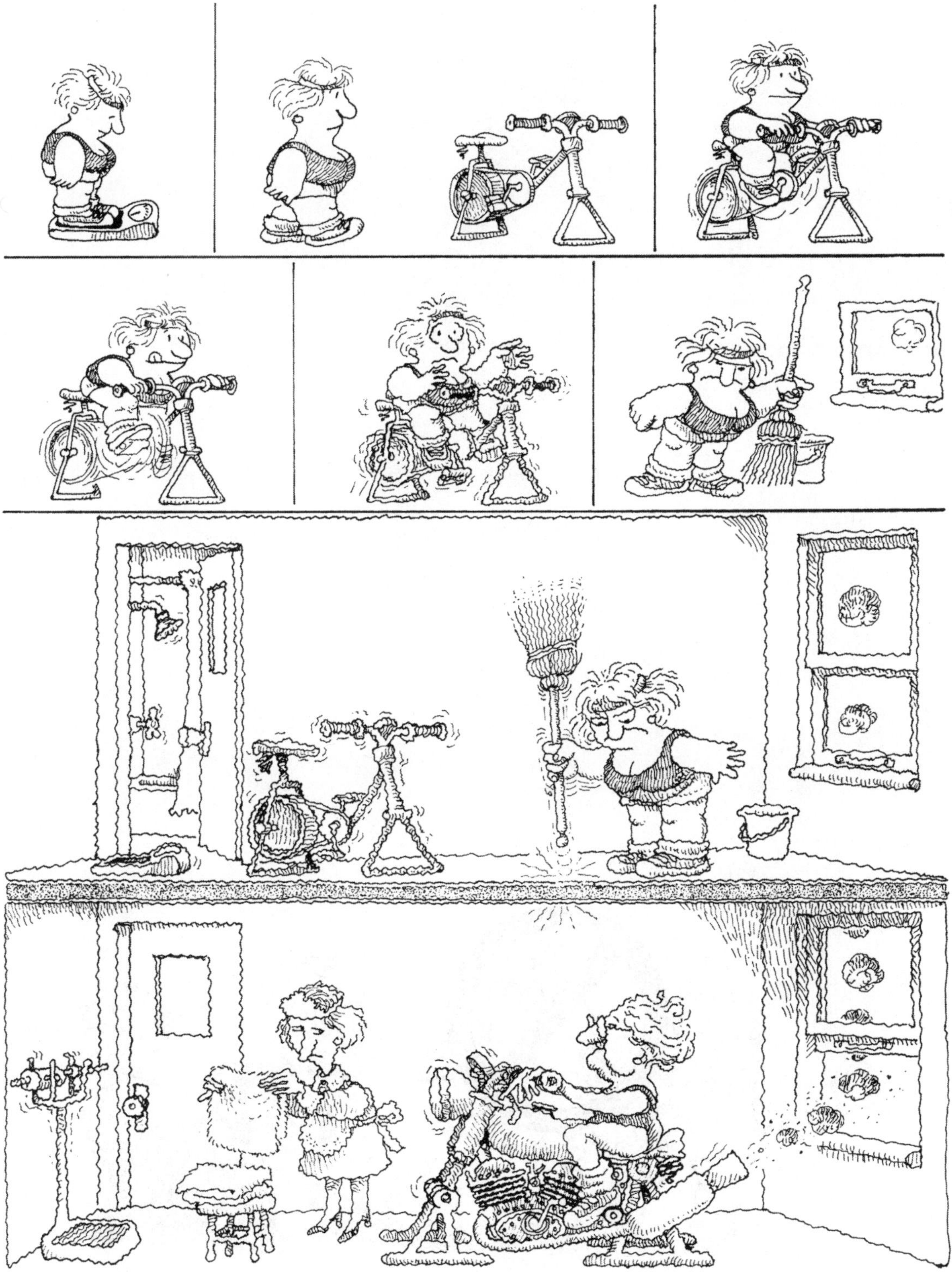

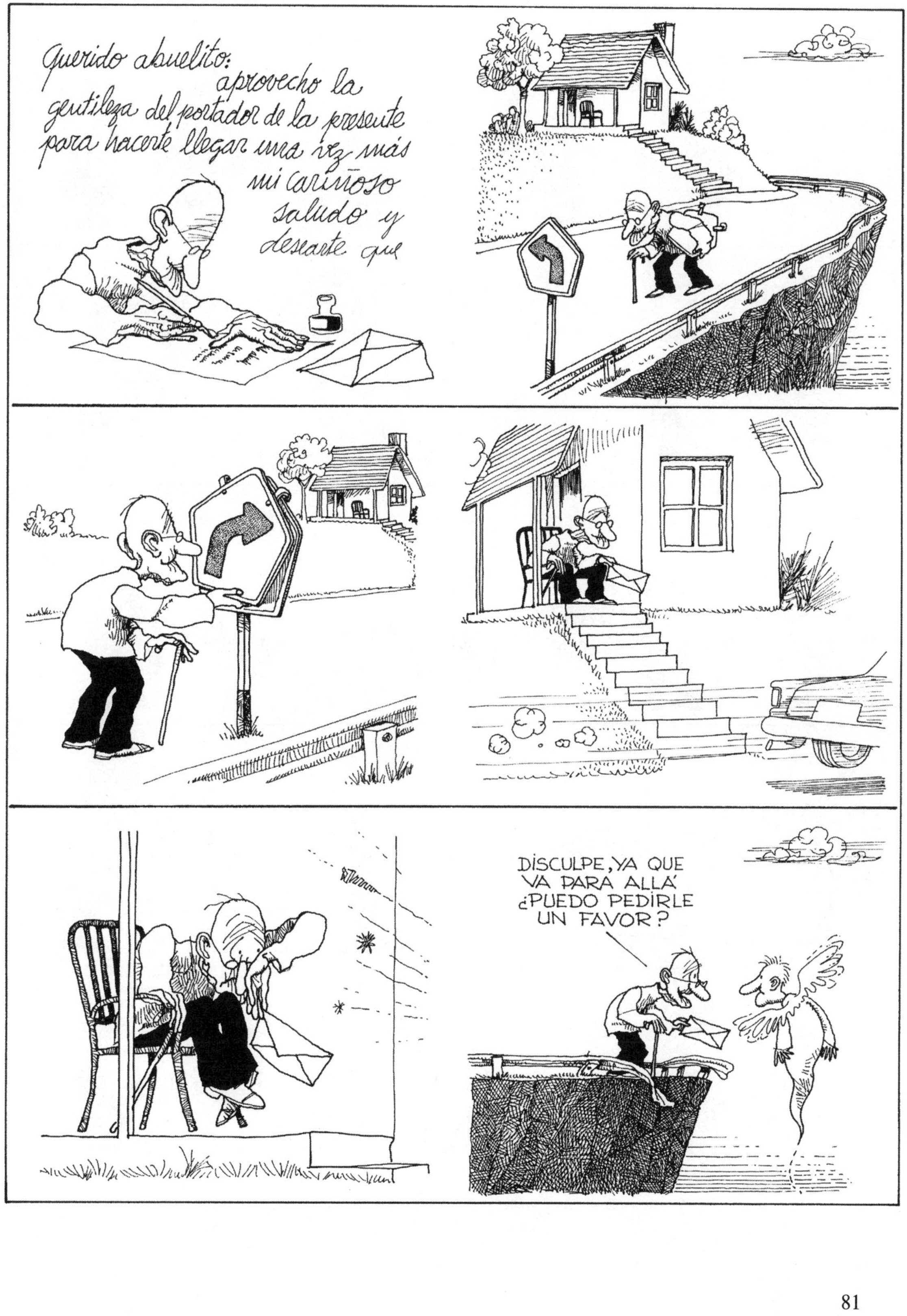
Querido abuelito:
aprovecho la gentileza del portador de la presente para hacerte llegar una vez más mi cariñoso saludo y desearte que
DISCULPE, YA QUE VA PARA ALLÁ ¿PUEDO PEDIRLE UN FAVOR?

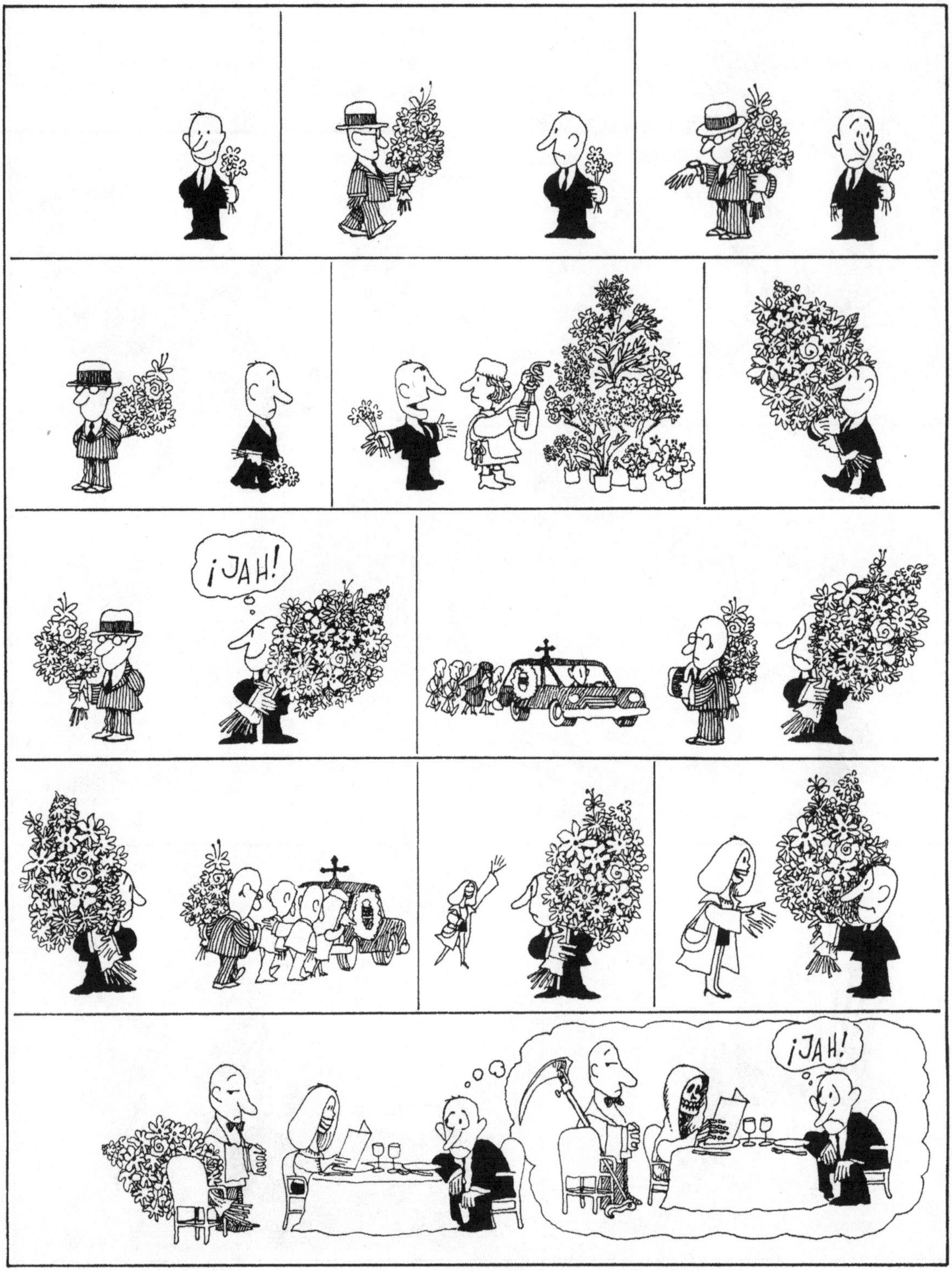
¡JAH!
¡JAH!

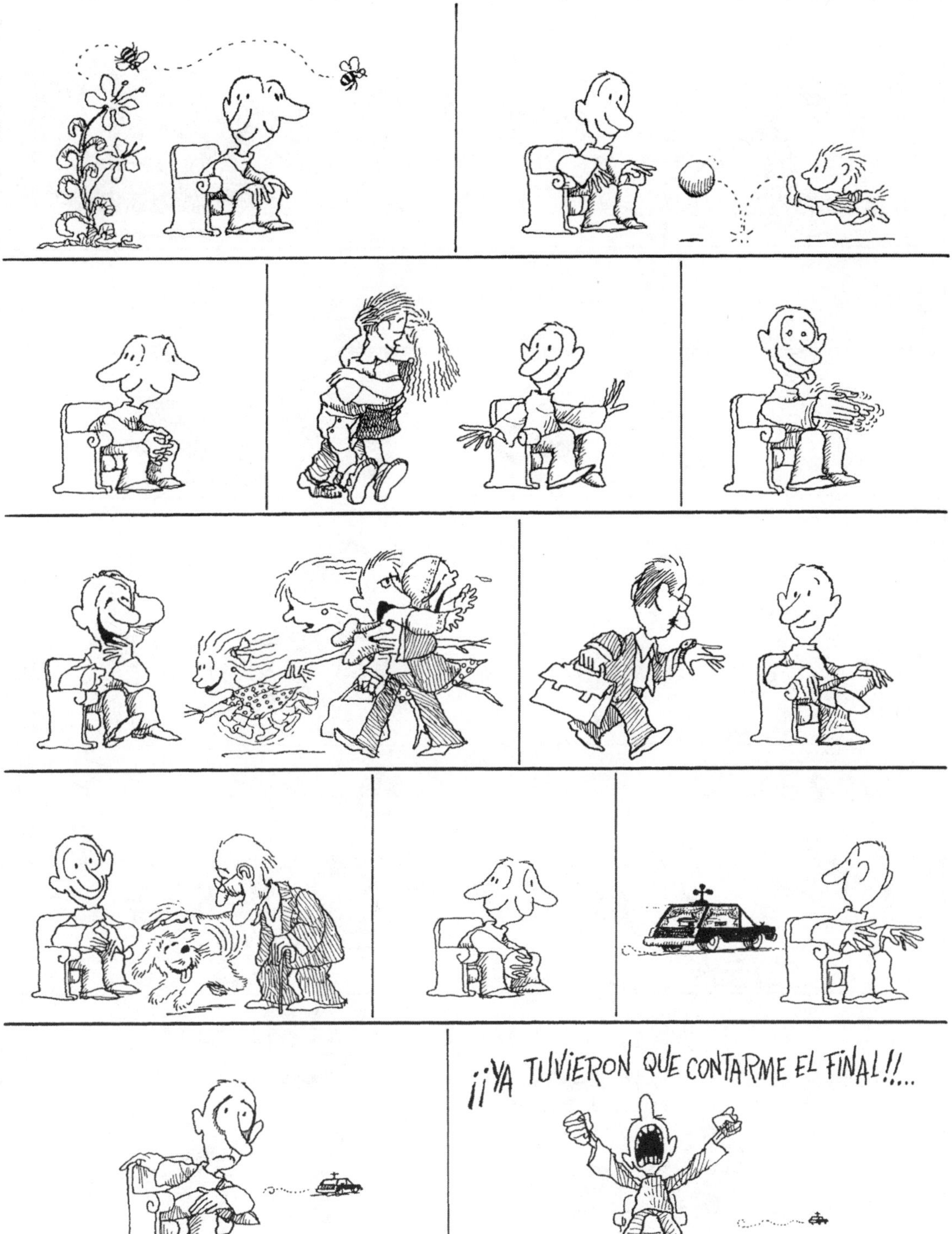
¡¡YA TUVIERON QUE CONTARME EL FINAL!!...

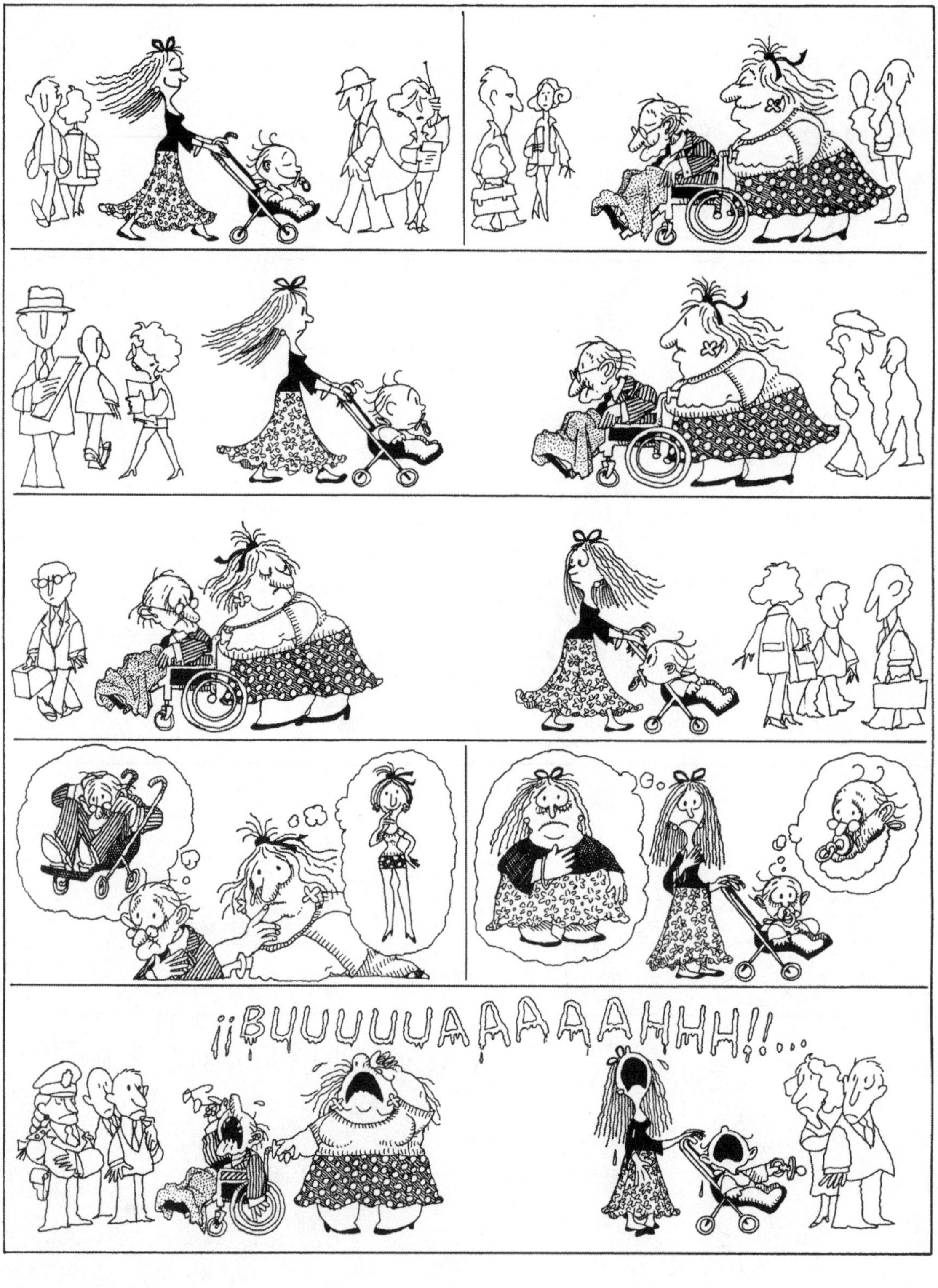
¡¡BUUUUUAAAAAHHH!!...

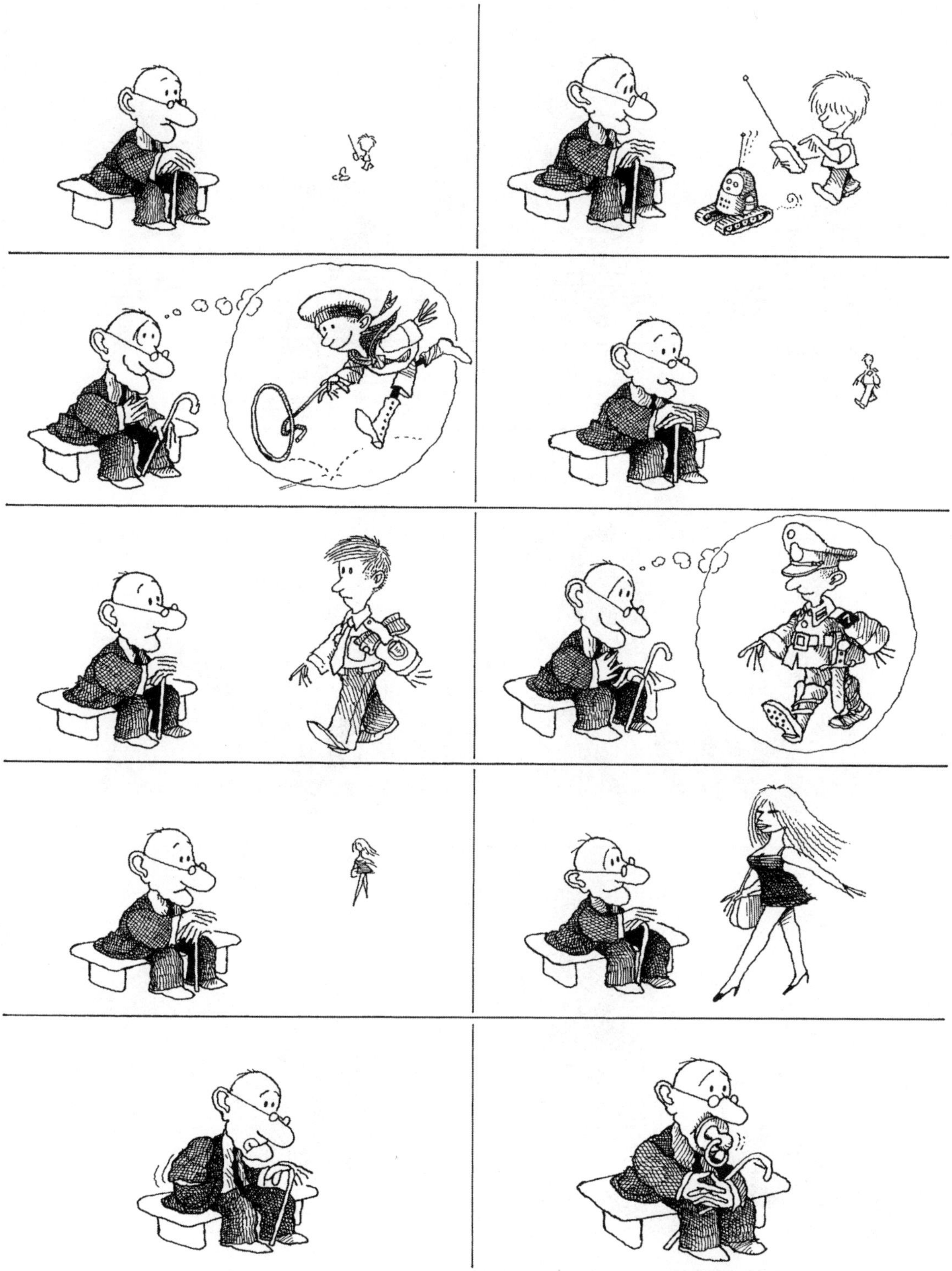

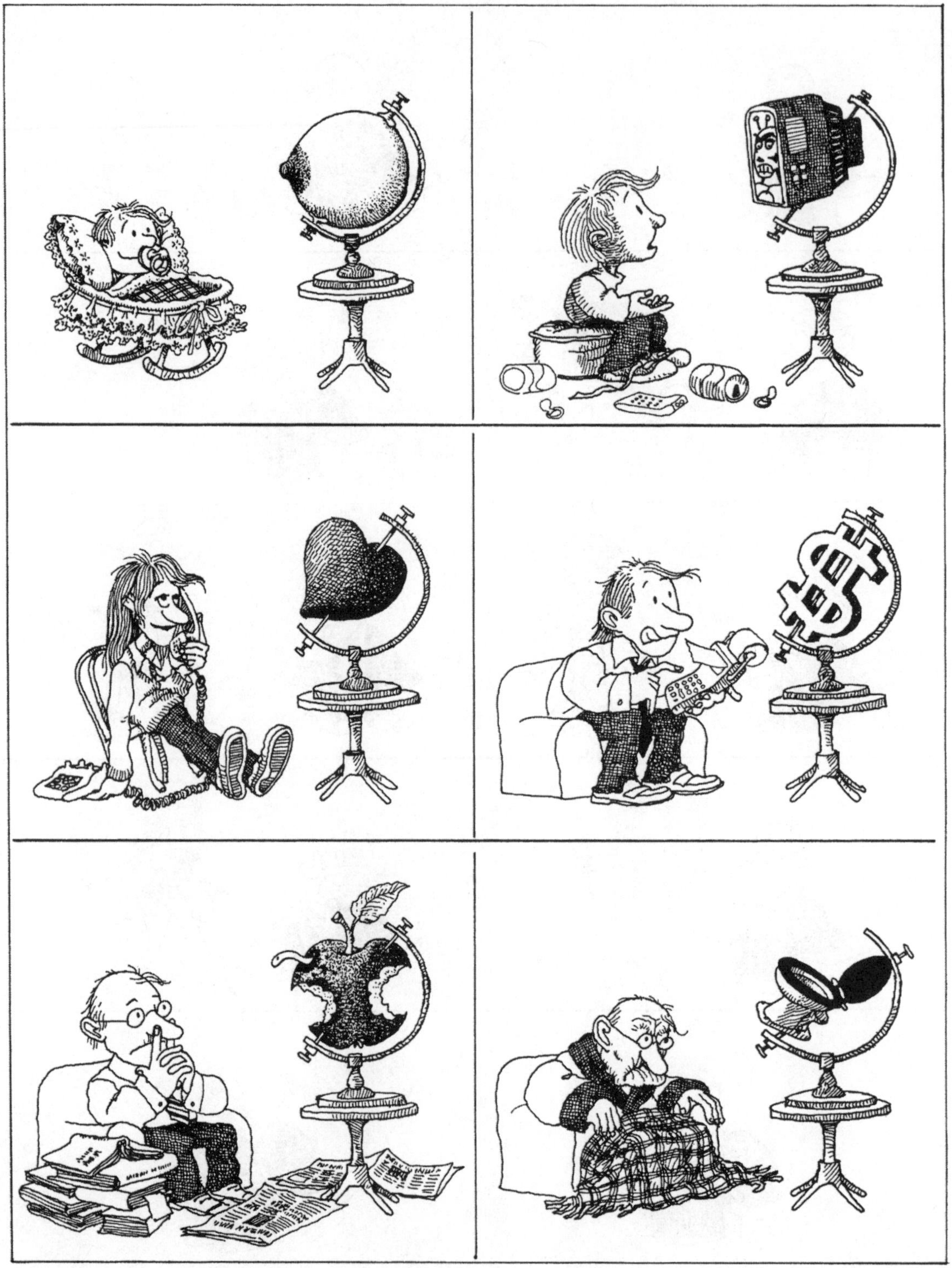

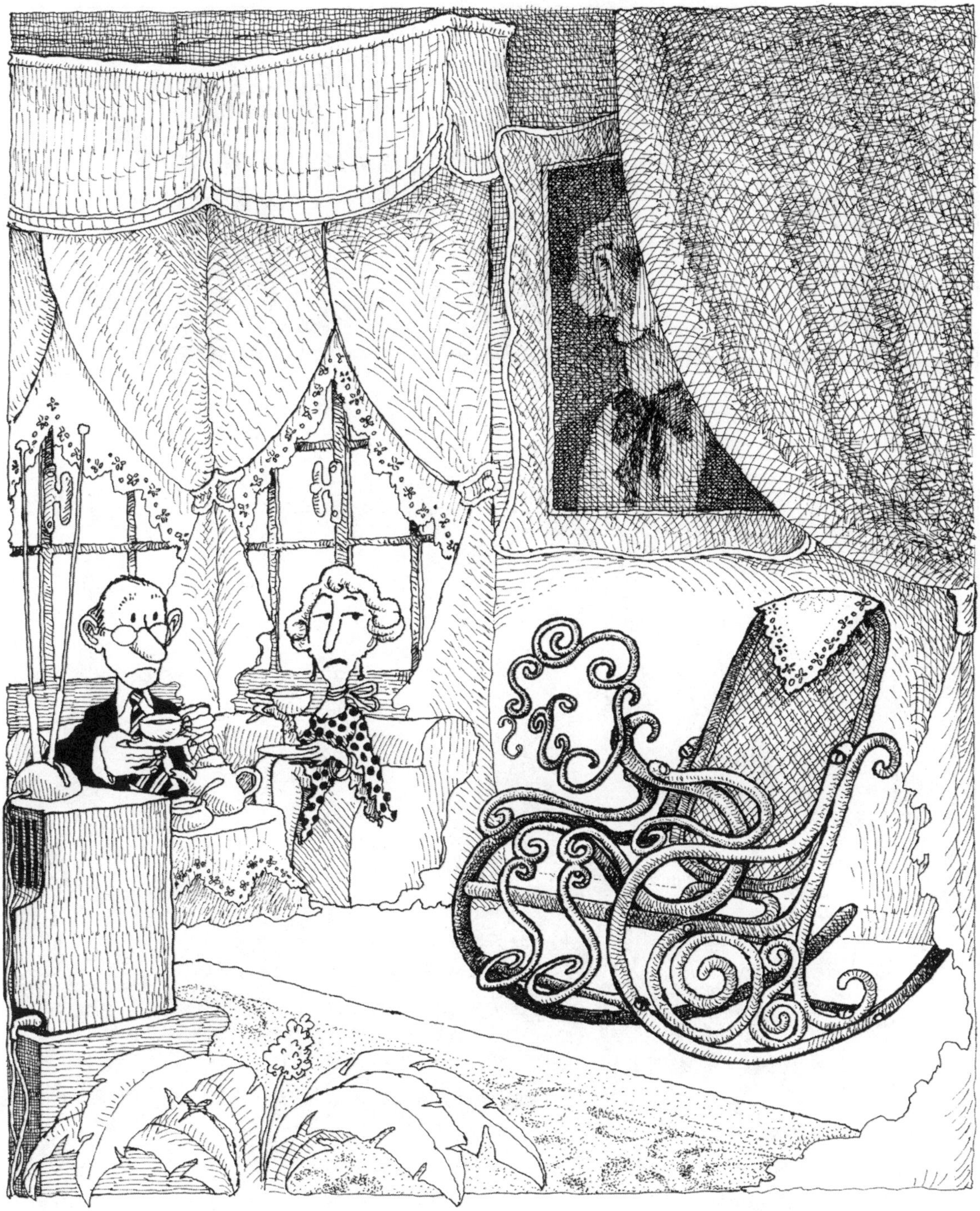

—¿ESO?... ¡¡OH, NADA, ERA LA ABUELA; TANTO ESTAR SIEMPRE AHÍ!!...

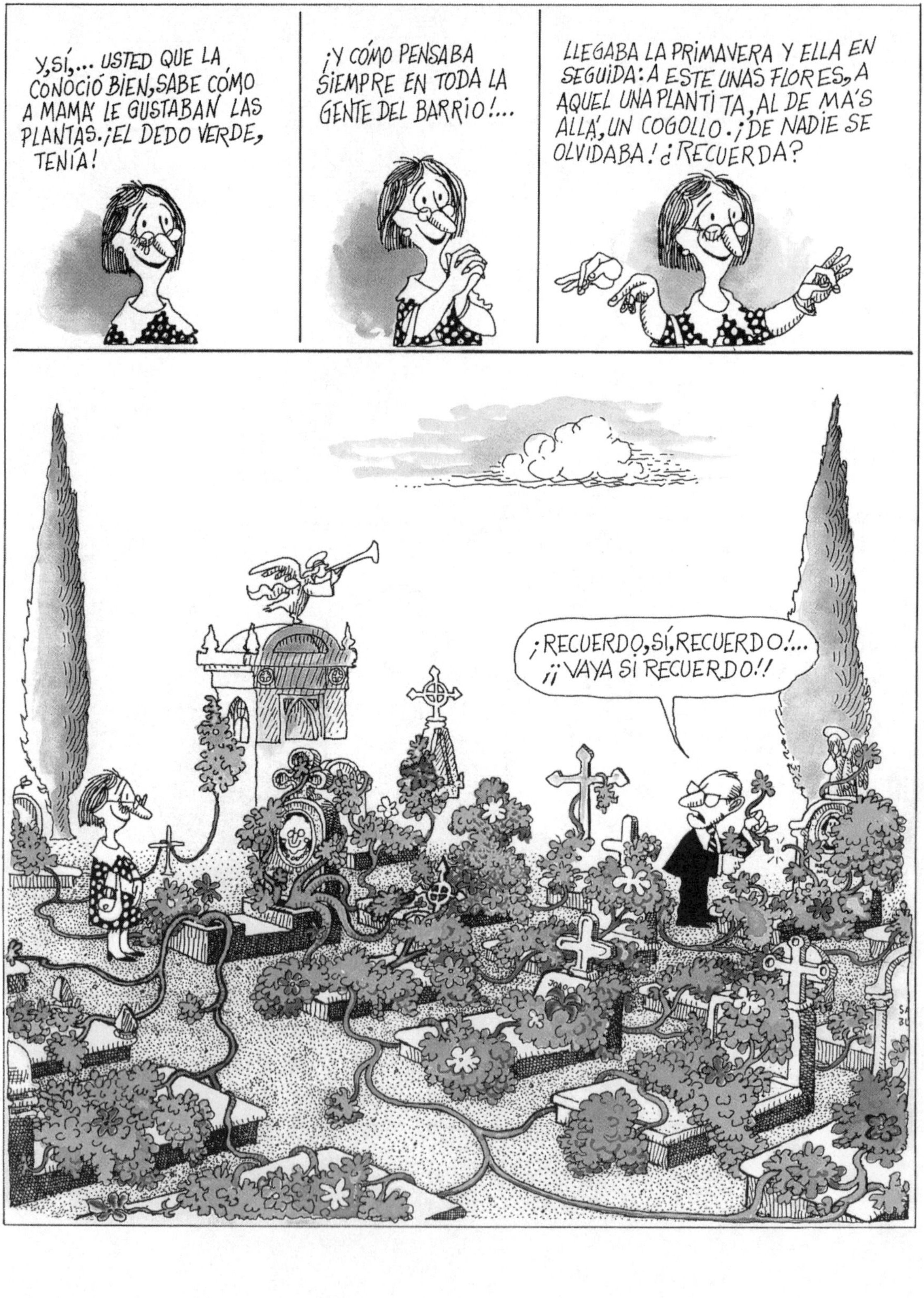
Y, SÍ,... USTED QUE LA CONOCIÓ BIEN, SABE CÓMO A MAMÁ LE GUSTABAN LAS PLANTAS. ¡EL DEDO VERDE, TENÍA!
¡Y CÓMO PENSABA SIEMPRE EN TODA LA GENTE DEL BARRIO!...
LLEGABA LA PRIMAVERA Y ELLA EN SEGUIDA: A ESTE UNAS FLORES, A AQUEL UNA PLANTITA, AL DE MÁS ALLÁ, UN COGOLLO. ¡DE NADIE SE OLVIDABA! ¿RECUERDA?
¡RECUERDO, SÍ, RECUERDO!... ¡¡VAYA SI RECUERDO!!

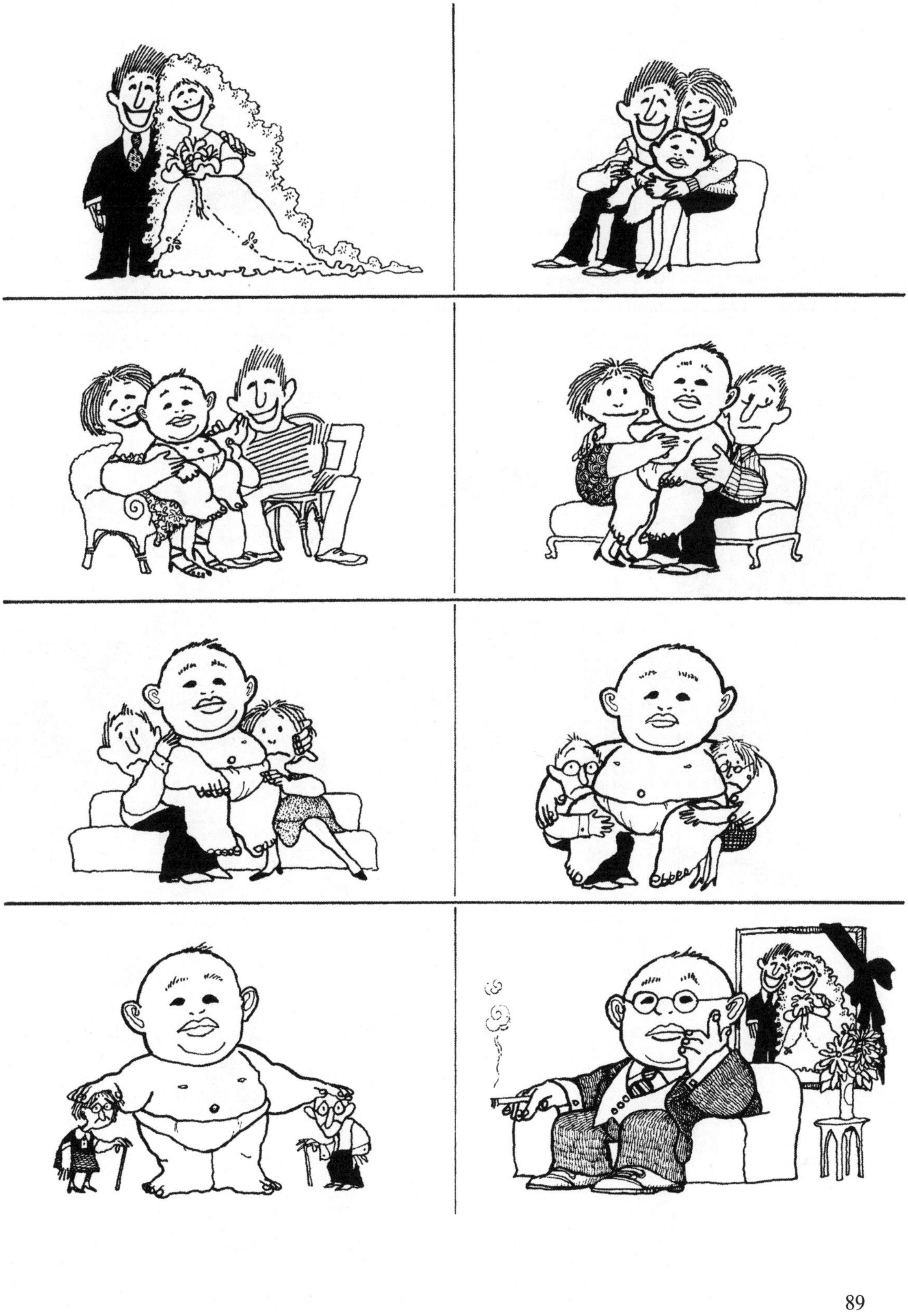

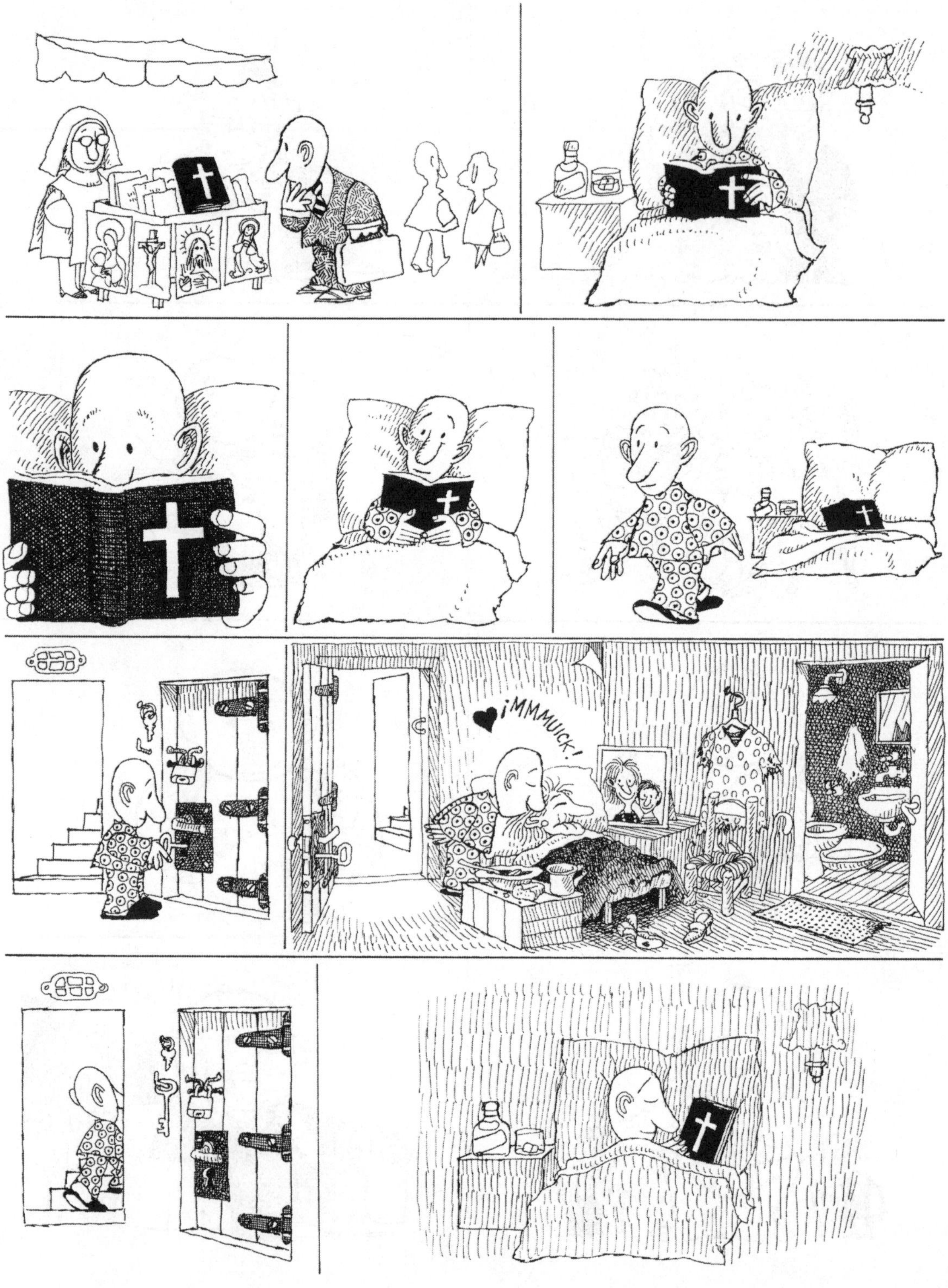
¡MMMUICK!

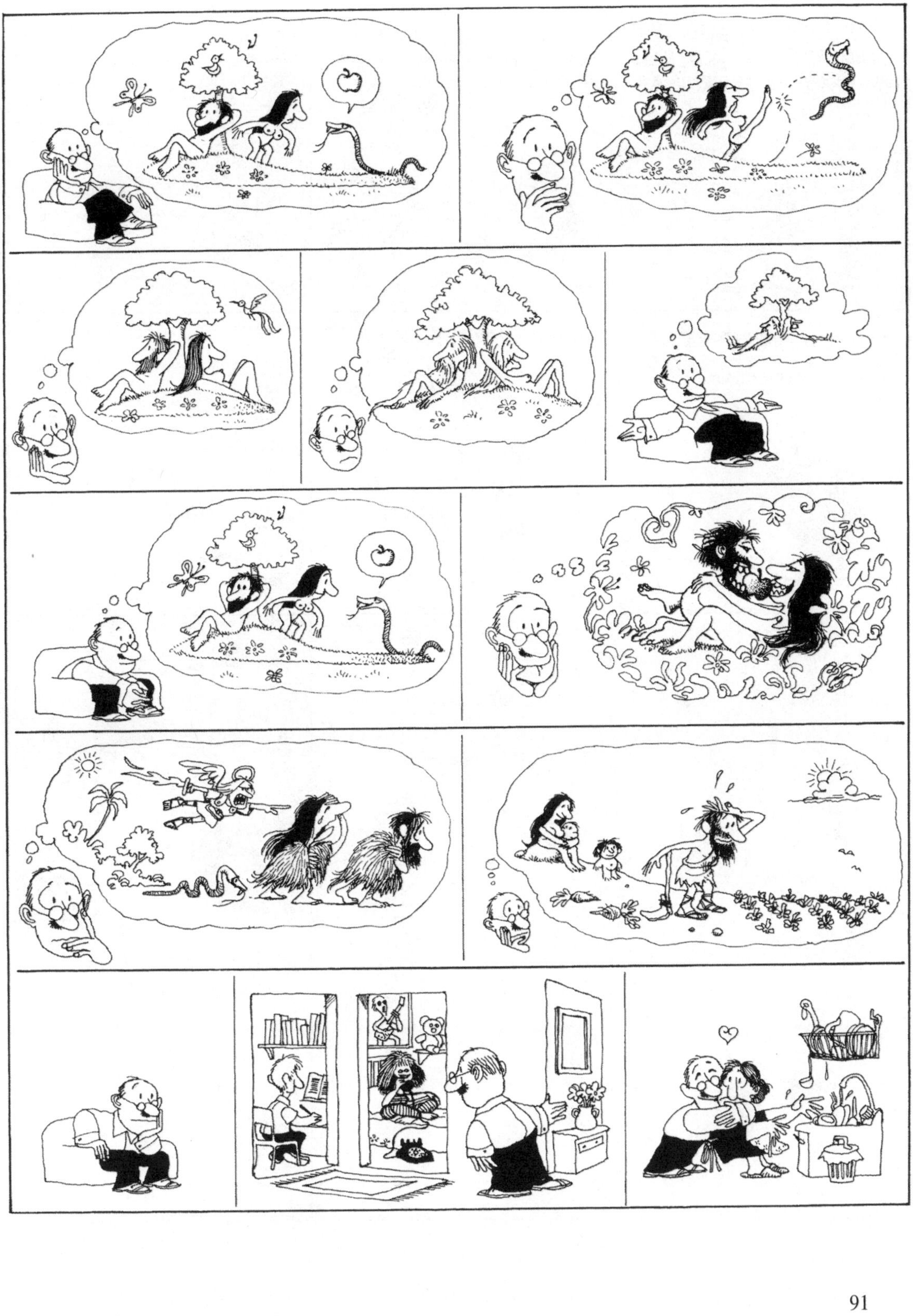

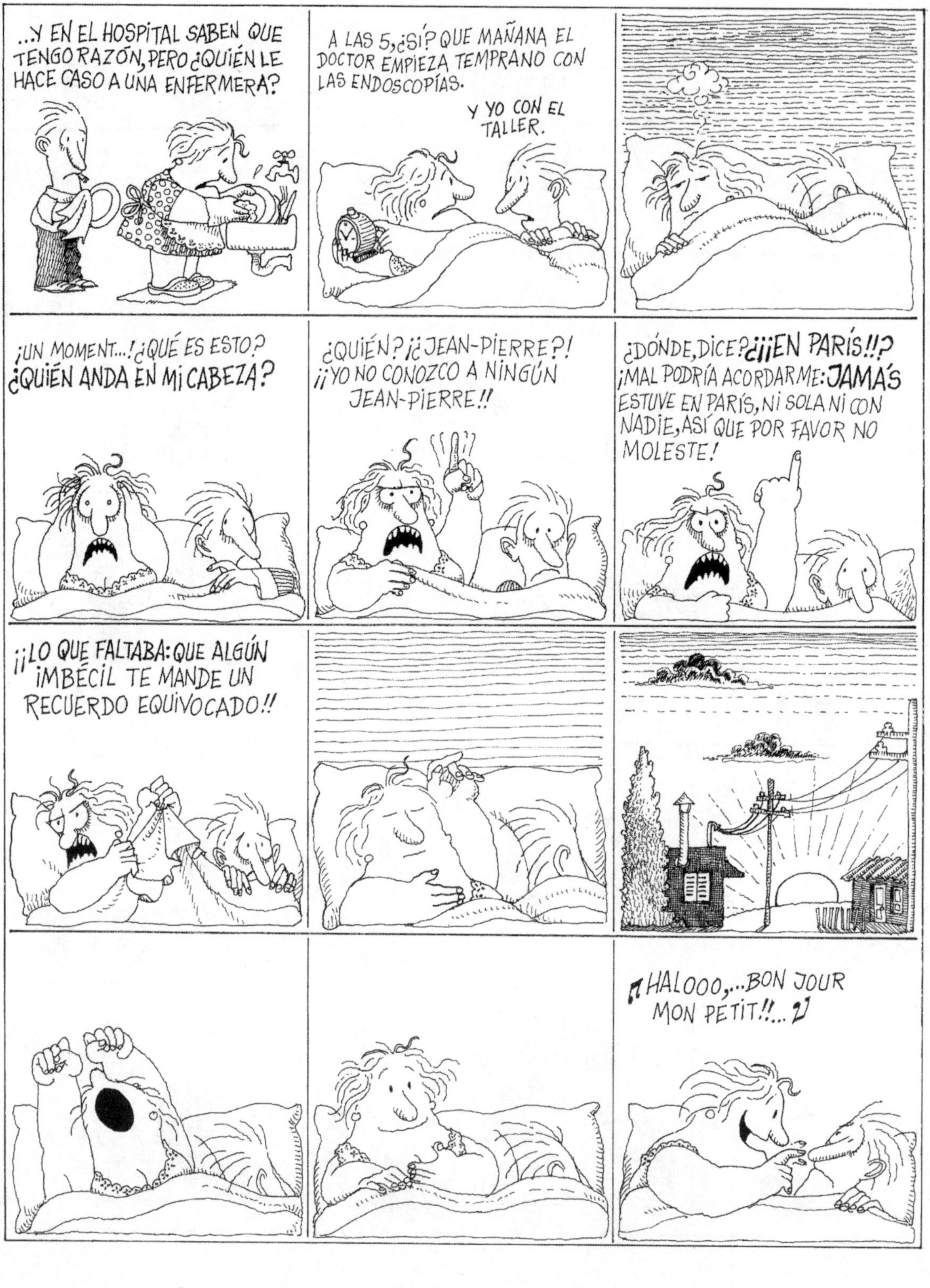
...Y EN EL HOSPITAL SABEN QUE TENGO RAZÓN, PERO ¿QUIÉN LE HACE CASO A UNA ENFERMERA?
A LAS 5, ¿SÍ? QUE MAÑANA EL DOCTOR EMPIEZA TEMPRANO CON LAS ENDOSCOPÍAS.
Y YO CON EL TALLER.
¡UN MOMENT...! ¿QUÉ ES ESTO? ¿QUIÉN ANDA EN MI CABEZA?
¿QUIÉN? ¡¿JEAN-PIERRE?! ¡¡YO NO CONOZCO A NINGÚN JEAN-PIERRE!!
¿DÓNDE, DICE? ¿¡¡EN PARÍS!!? ¡MAL PODRÍA ACORDARME: JAMÁS ESTUVE EN PARÍS, NI SOLA NI CON NADIE, ASÍ QUE POR FAVOR NO MOLESTE!
¡¡LO QUE FALTABA: QUE ALGÚN IMBÉCIL TE MANDE UN RECUERDO EQUIVOCADO!!
HALOOO,...BON JOUR MON PETIT!!...

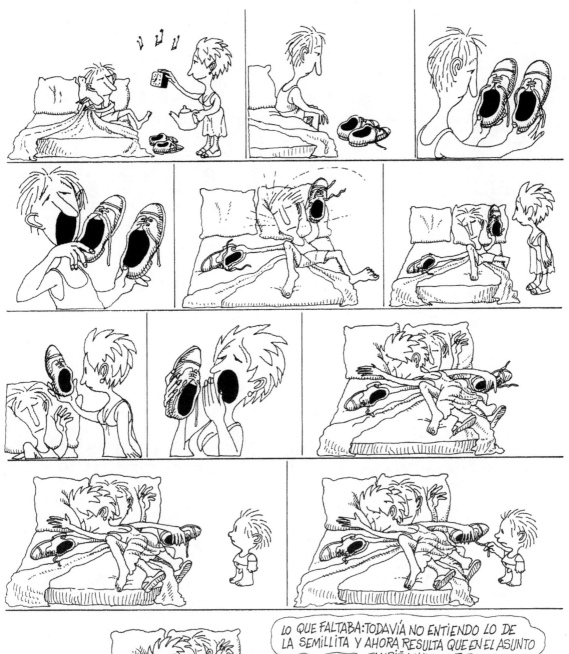

LO QUE FALTABA: TODAVÍA NO ENTIENDO LO DE LA SEMILLITA Y AHORA RESULTA QUE EN EL ASUNTO TAMBIÉN HAY... ¡¡ZAPATOS.!!

~SÍ, NOS HABLARON DE LA FECUNDACIÓN ASISTIDA, PERO NOS PARECIÓ UN ASUNTO MUY COMPLICADO, PENSAMOS QUE ERA MEJOR PROBAR CON ALGO QUE CONOCIÉRAMOS BIEN: UNAS GOTITAS DEL FERTILIZANTE QUE USAMOS SIEMPRE EN EL HUERTO,...¡Y MIRE USTED!...

~YO NO ENTIENDO MUCHO DE ESTAS COSAS, LOLI, PERO... NO SÉ,
SE ME OCURRE QUE NI ESO QUE USA TU MARIDO ES UN PARAPENTE,
NI QUE ESAS COLINAS QUE TANTO QUIERE SOBREVOLAR SEAN COLINAS.

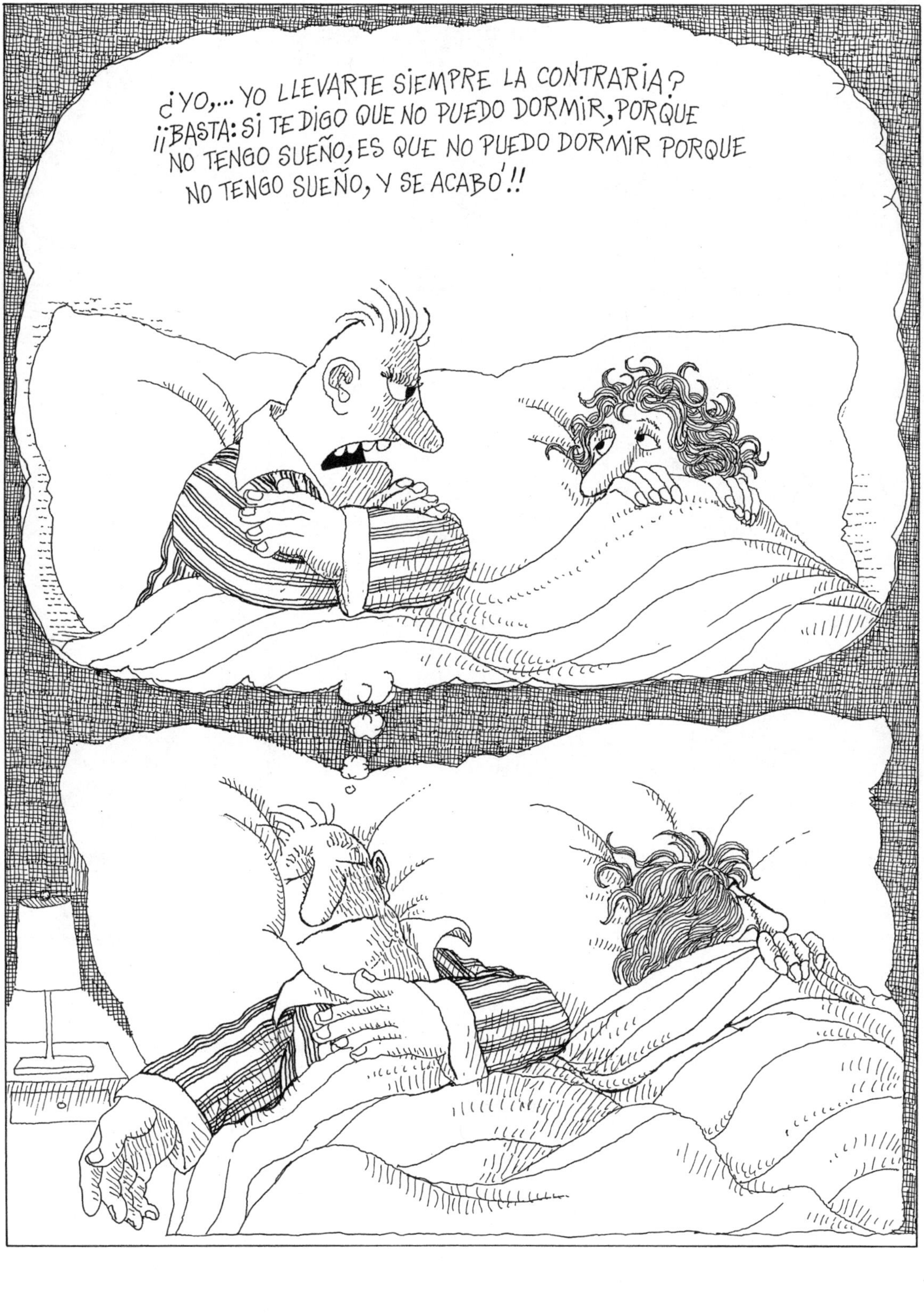
¿YO,... YO LLEVARTE SIEMPRE LA CONTRARIA?
¡¡BASTA: SI TE DIGO QUE NO PUEDO DORMIR, PORQUE NO TENGO SUEÑO, ES QUE NO PUEDO DORMIR PORQUE NO TENGO SUEÑO, Y SE ACABÓ!!

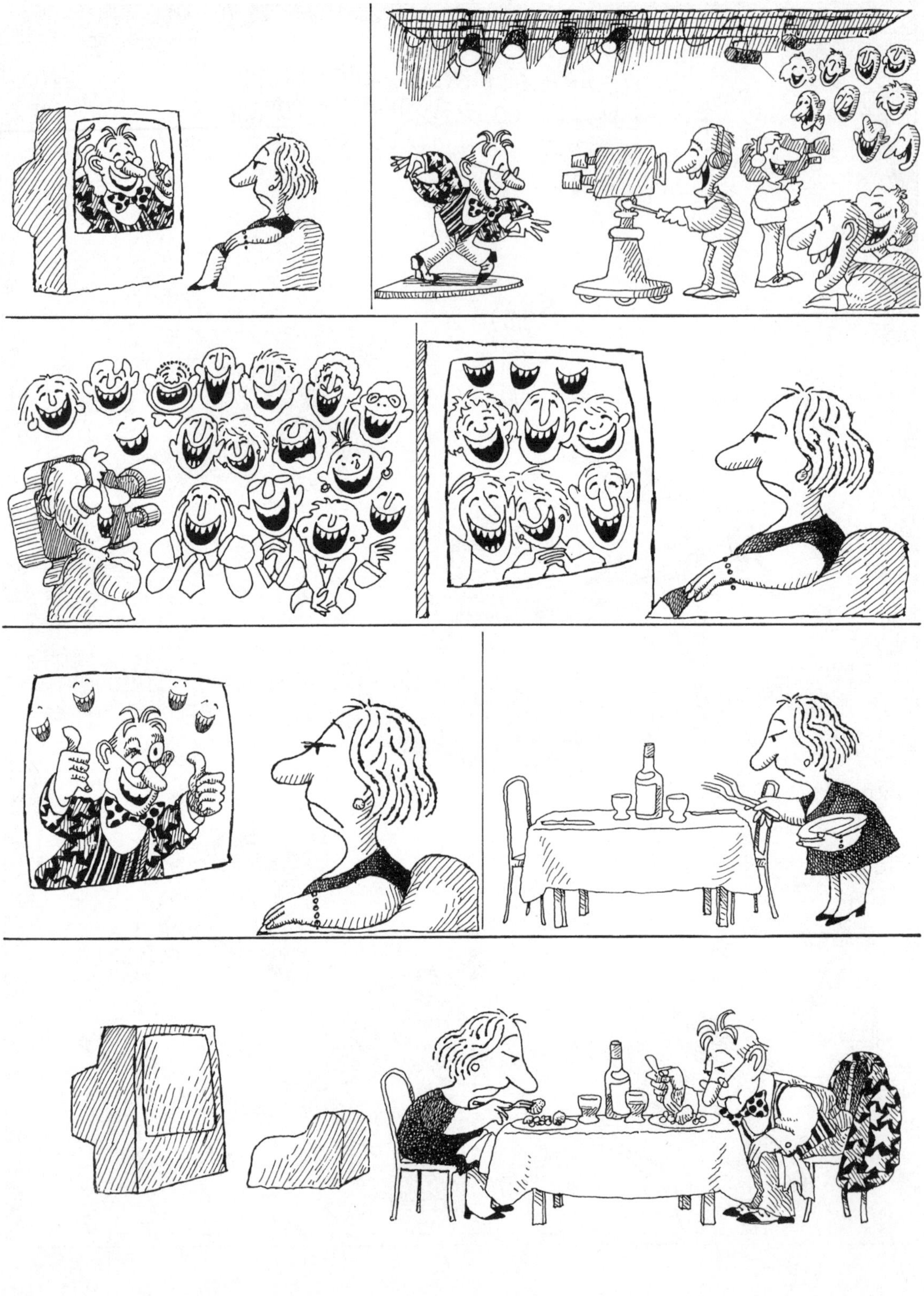

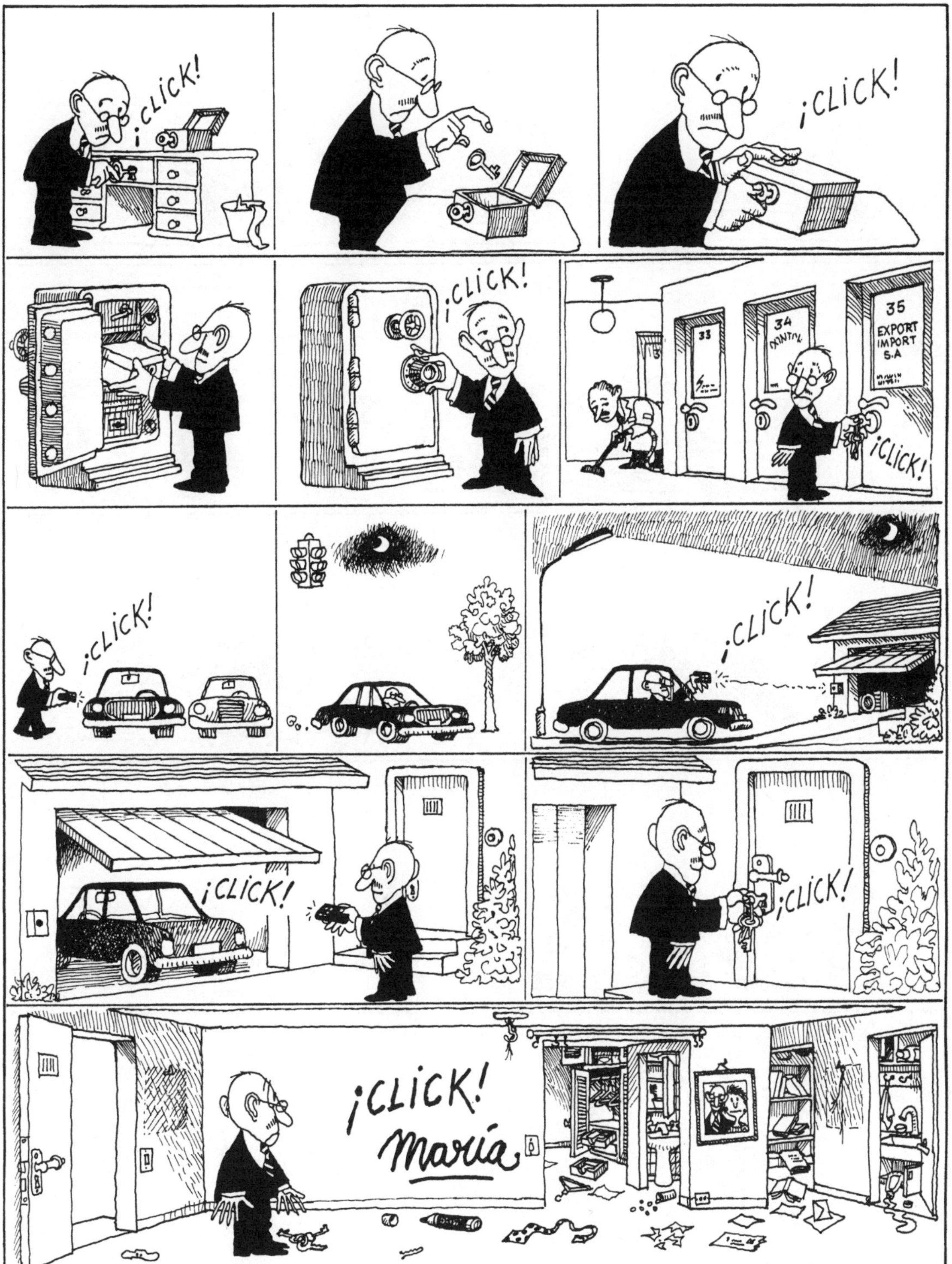
¡CLICK!
¡CLICK!
¡CLICK!
33
34
35
EXPORT
IMPORT
S.A
¡CLICK!
¡CLICK!
¡CLICK!
¡CLICK!
¡CLICK!
¡CLICK!
María

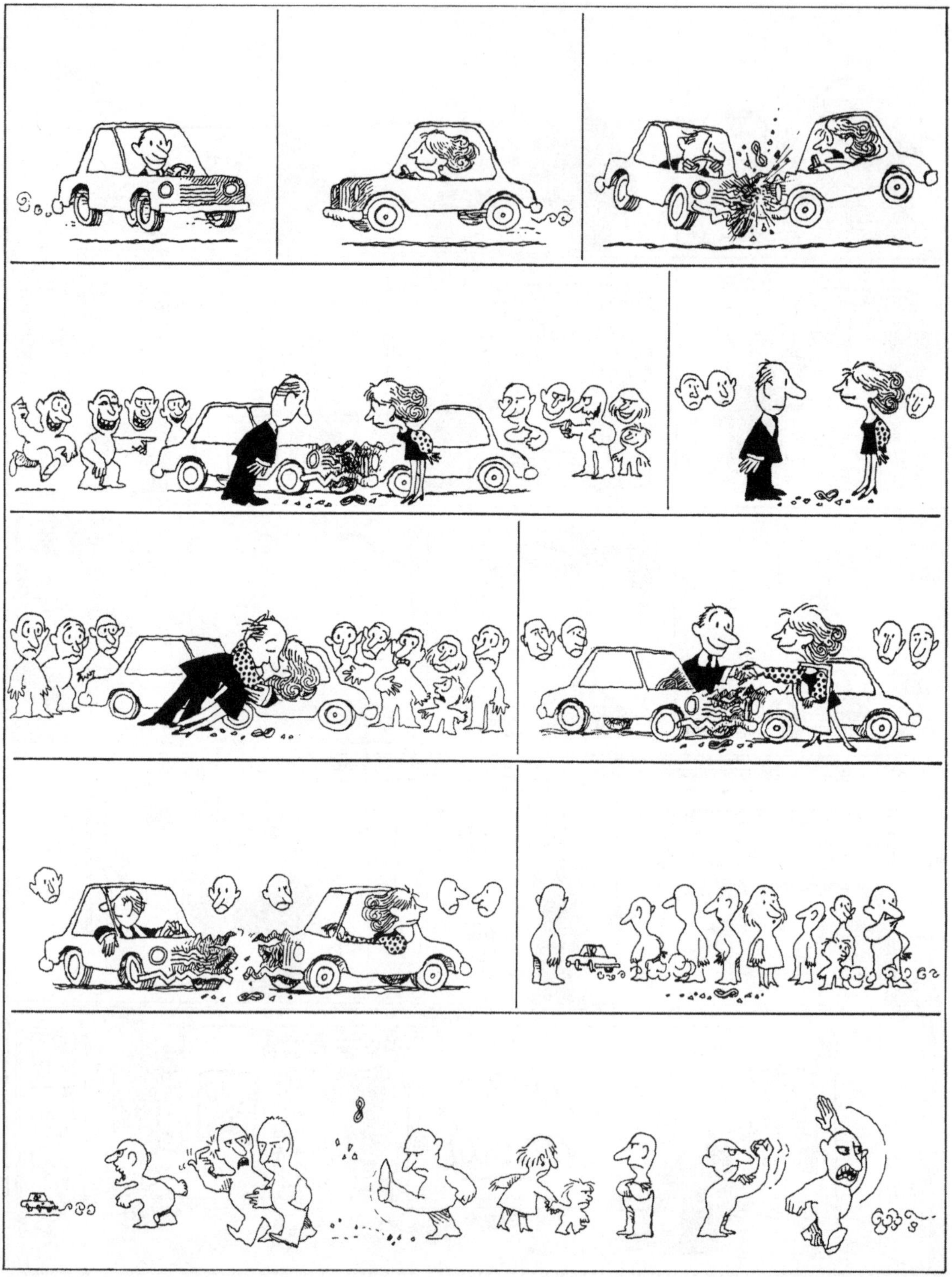

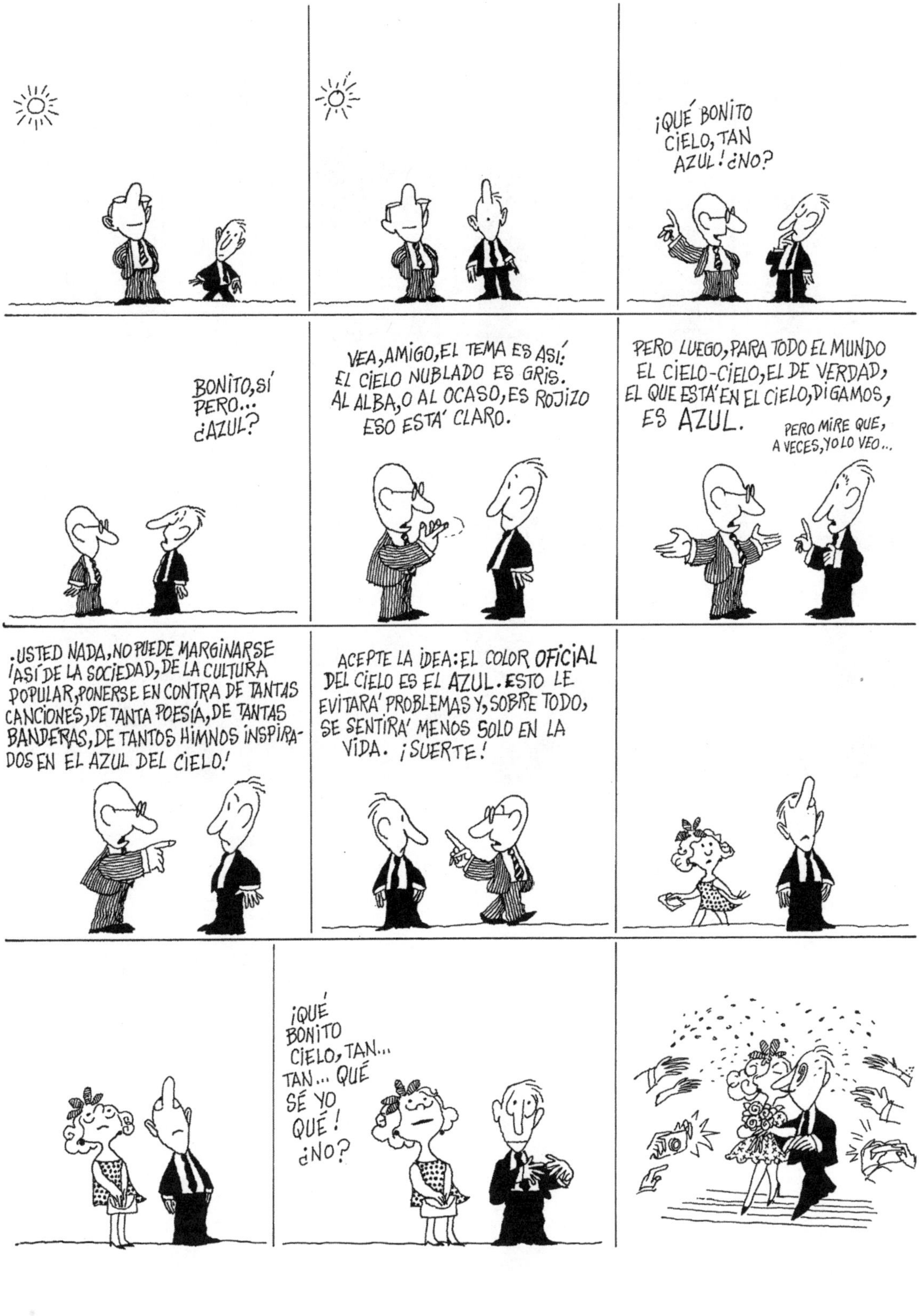
¡QUÉ BONITO CIELO, TAN AZUL! ¿NO?
BONITO, SÍ PERO... ¿AZUL?
VEA, AMIGO, EL TEMA ES ASÍ: EL CIELO NUBLADO ES GRIS. AL ALBA, O AL OCASO, ES ROJIZO ESO ESTÁ CLARO.
PERO LUEGO, PARA TODO EL MUNDO EL CIELO-CIELO, EL DE VERDAD, EL QUE ESTÁ EN EL CIELO, DIGAMOS, ES AZUL.
PERO MIRE QUE, A VECES, YO LO VEO...
¡USTED NADA, NO PUEDE MARGINARSE ASÍ DE LA SOCIEDAD, DE LA CULTURA POPULAR, PONERSE EN CONTRA DE TANTAS CANCIONES, DE TANTA POESÍA, DE TANTAS BANDERAS, DE TANTOS HIMNOS INSPIRADOS EN EL AZUL DEL CIELO!
ACEPTE LA IDEA: EL COLOR OFICIAL DEL CIELO ES EL AZUL. ESTO LE EVITARÁ PROBLEMAS Y, SOBRE TODO, SE SENTIRÁ MENOS SOLO EN LA VIDA. ¡SUERTE!
¡QUÉ BONITO CIELO, TAN... TAN... QUÉ SÉ YO QUÉ! ¿NO?

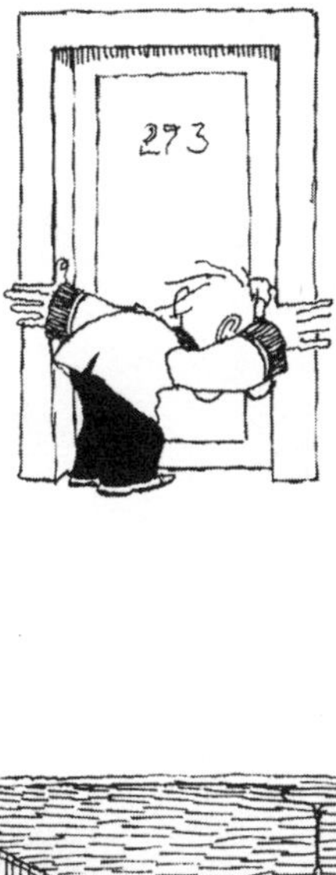
273

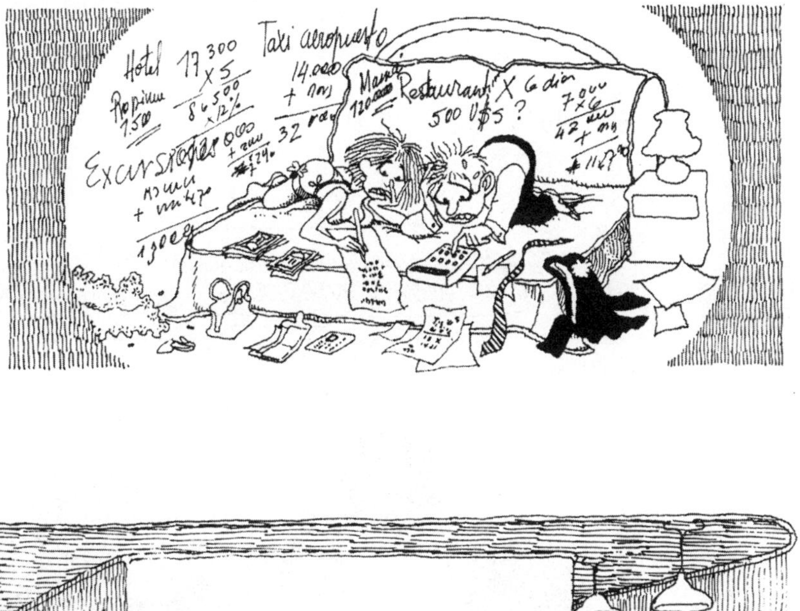
Hotel 17.300
Taxi aeropuerto
Restaurant X 6 días
500 U$S ?

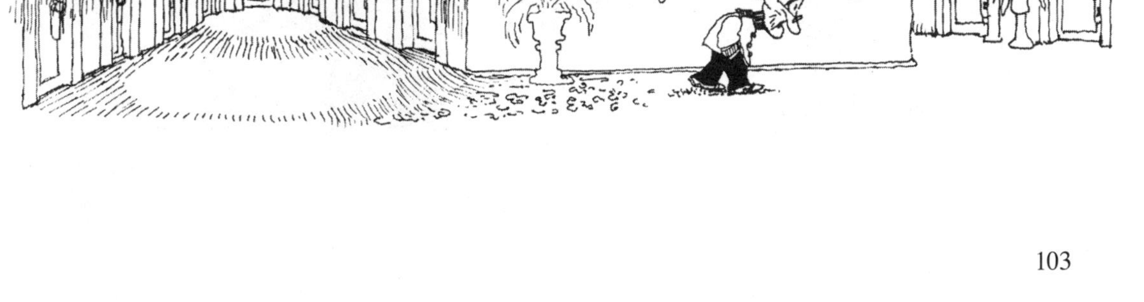
¡NO LLORES, POR MÍ, ARGENTIIIIIINA...

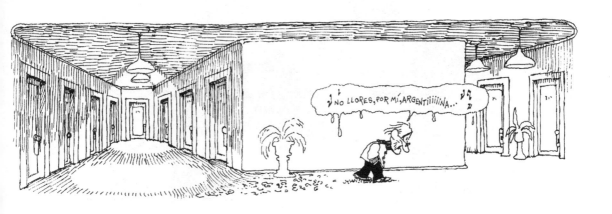

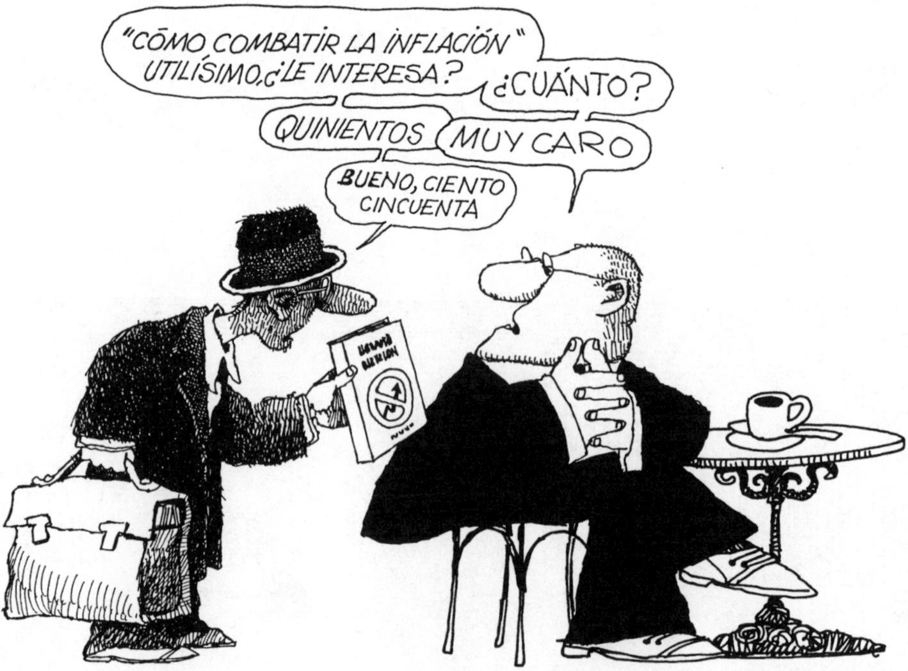
"CÓMO COMBATIR LA INFLACIÓN"
UTILÍSIMO. ¿LE INTERESA?
¿CUÁNTO?
QUINIENTOS
MUY CARO
BUENO, CIENTO CINCUENTA

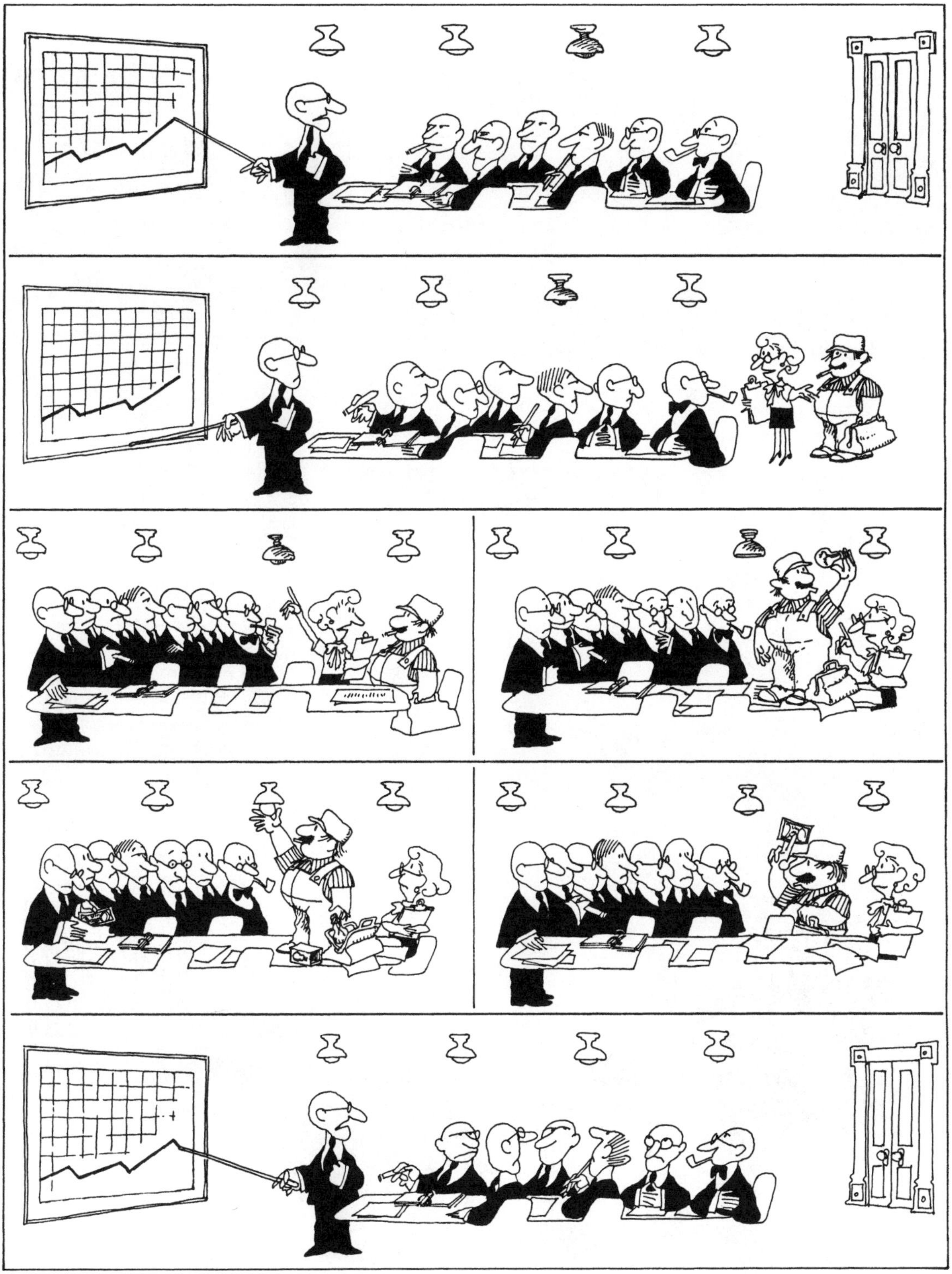

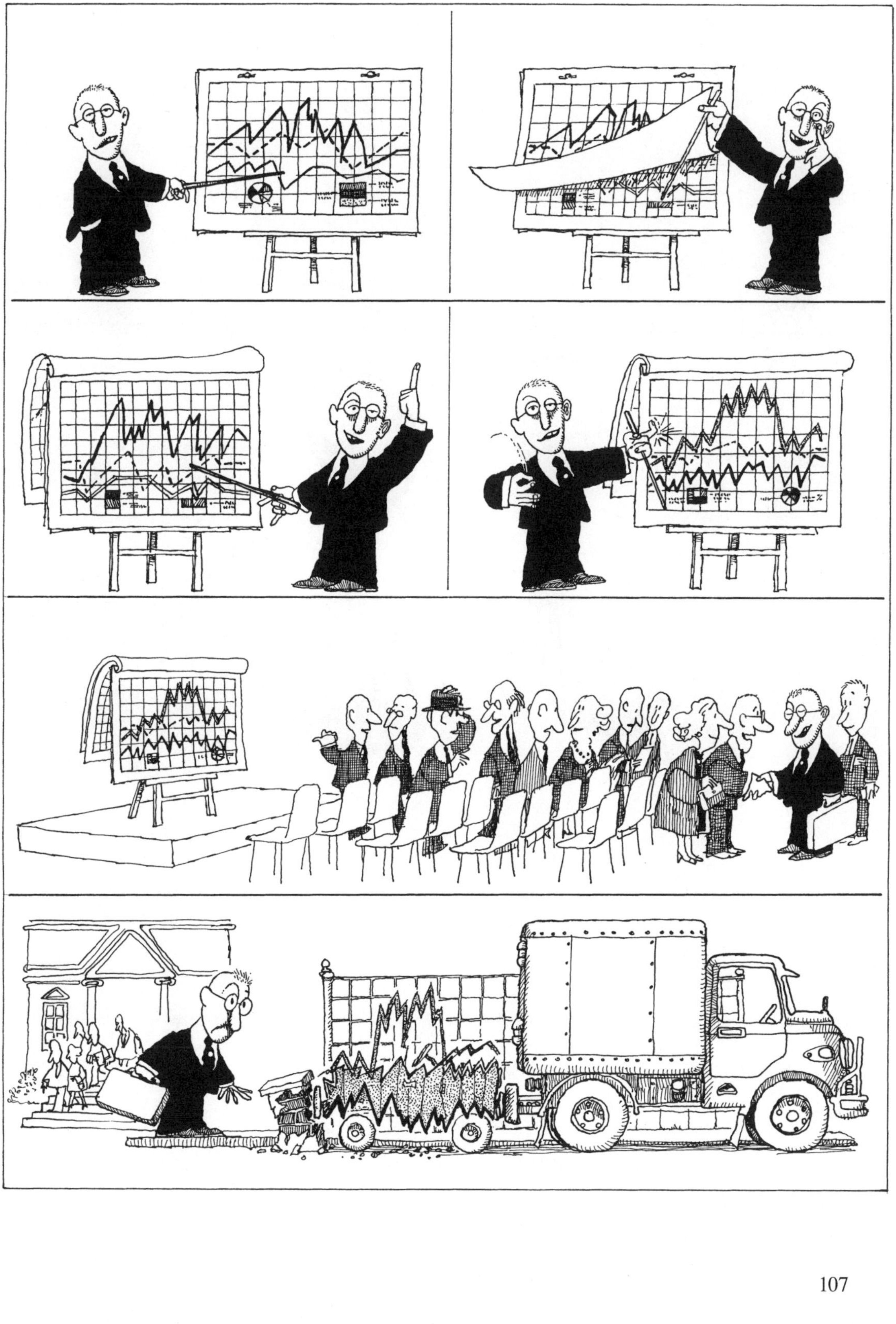

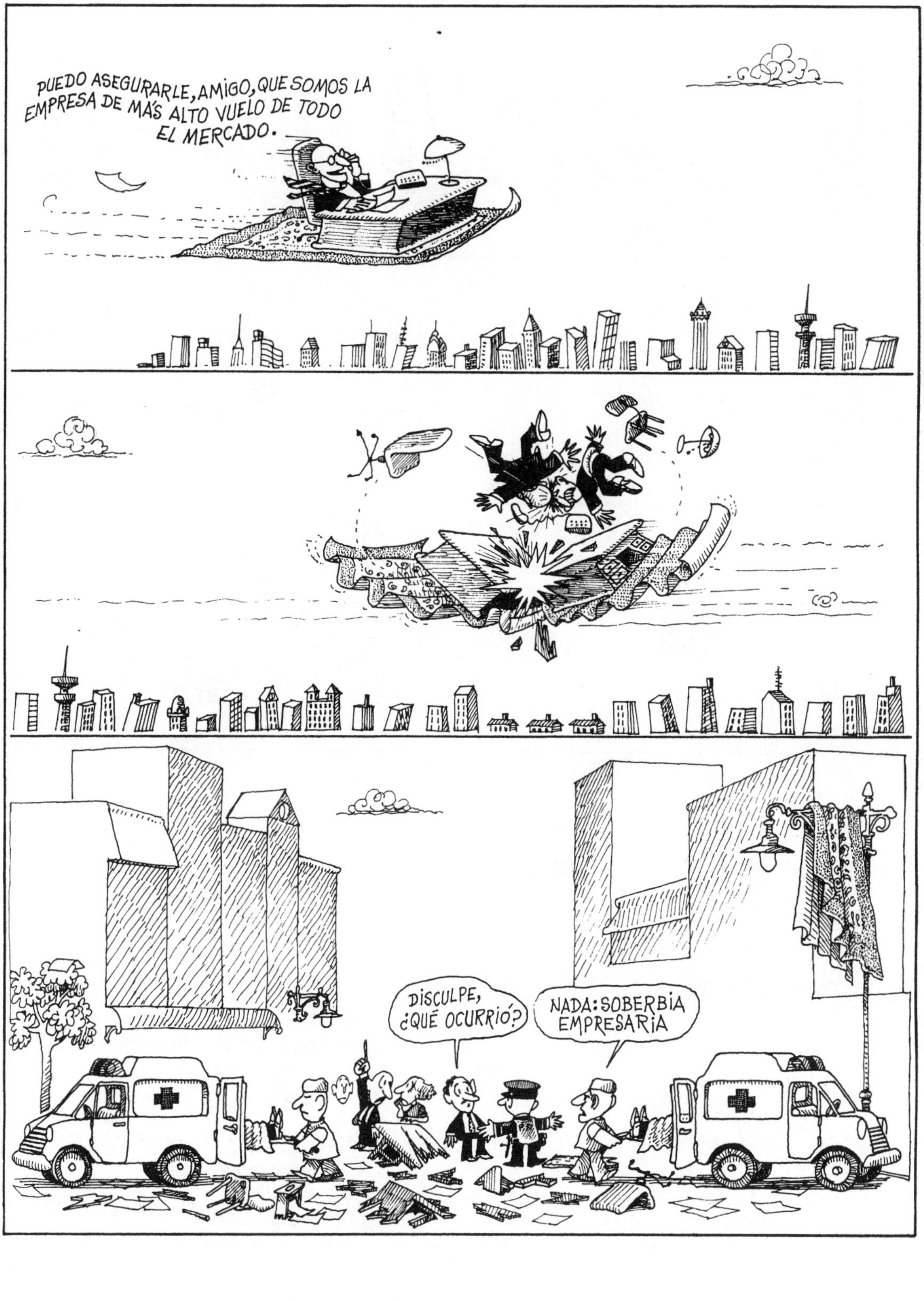
PUEDO ASEGURARLE, AMIGO, QUE SOMOS LA EMPRESA DE MÁS ALTO VUELO DE TODO EL MERCADO.
DISCULPE, ¿QUÉ OCURRIÓ?
NADA: SOBERBIA EMPRESARIA

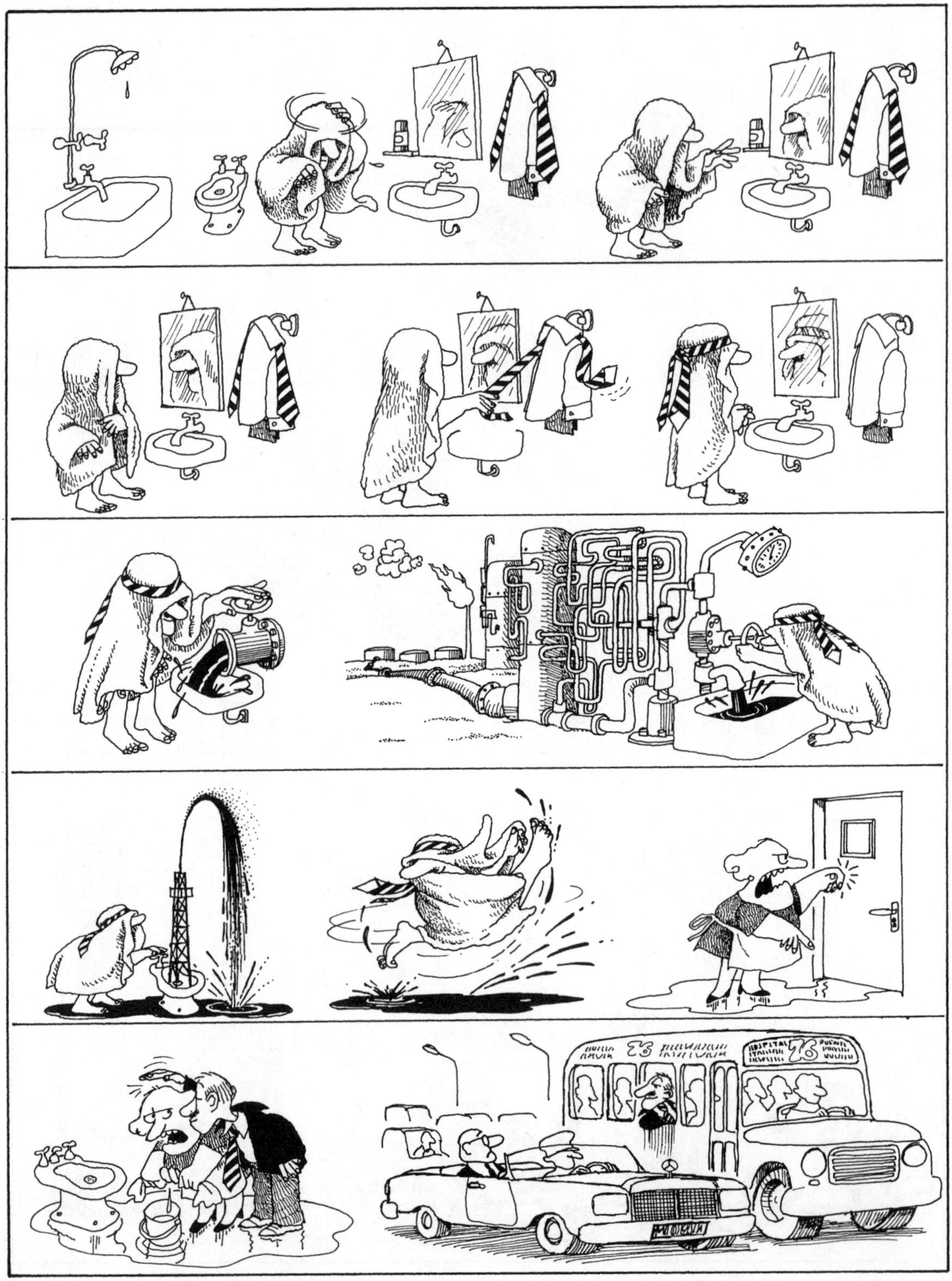
HOSPITAL
76

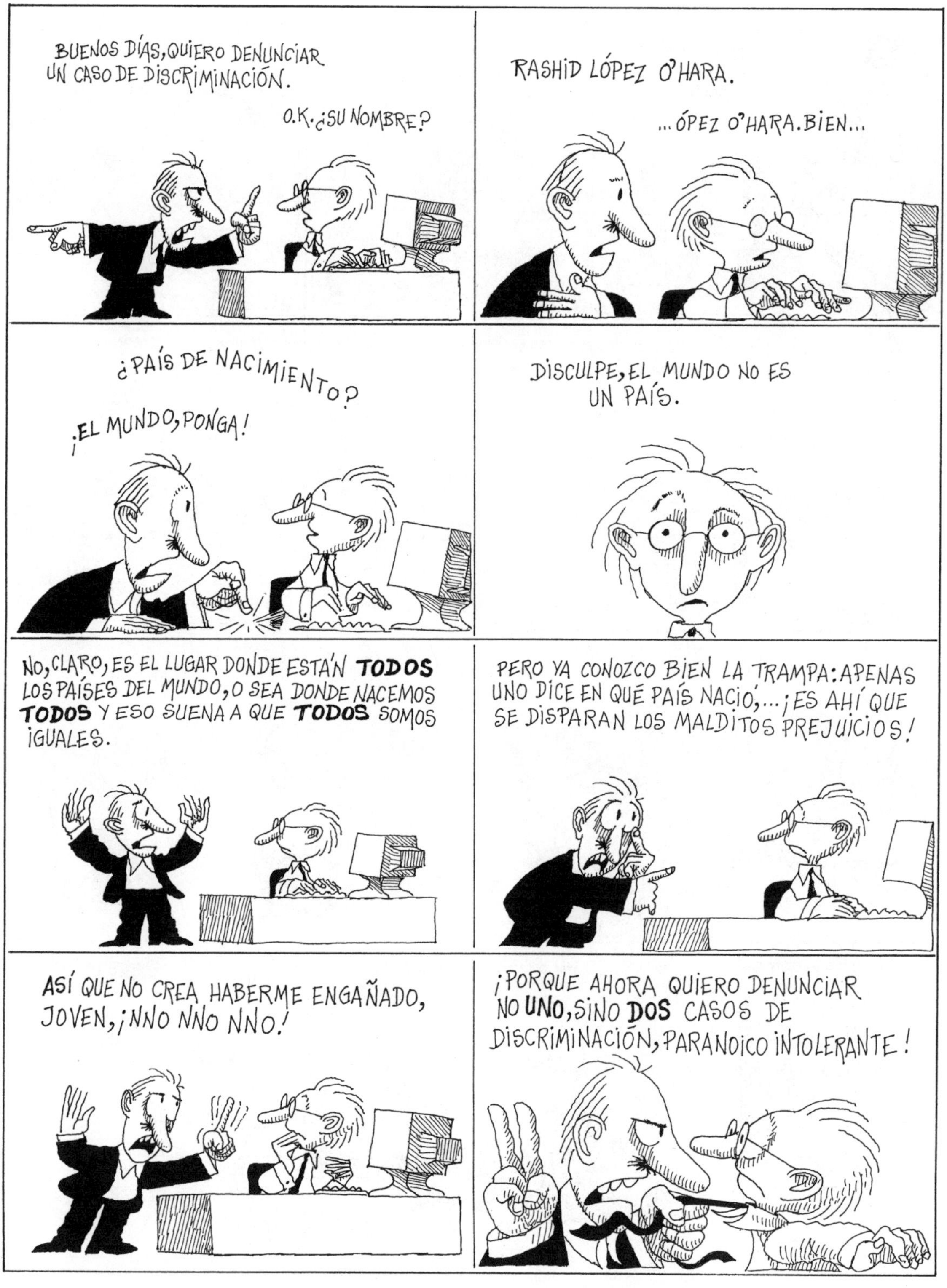
BUENOS DÍAS, QUIERO DENUNCIAR UN CASO DE DISCRIMINACIÓN.
O.K. ¿SU NOMBRE?
RASHID LÓPEZ O'HARA.
...ÓPEZ O'HARA. BIEN...
¿PAÍS DE NACIMIENTO?
¡EL MUNDO, PONGA!
DISCULPE, EL MUNDO NO ES UN PAÍS.
NO, CLARO, ES EL LUGAR DONDE ESTÁN **TODOS** LOS PAÍSES DEL MUNDO, O SEA DONDE NACEMOS **TODOS** Y ESO SUENA A QUE **TODOS** SOMOS IGUALES.
PERO YA CONOZCO BIEN LA TRAMPA: APENAS UNO DICE EN QUÉ PAÍS NACIÓ, ... ¡ES AHÍ QUE SE DISPARAN LOS MALDITOS PREJUICIOS!
ASÍ QUE NO CREA HABERME ENGAÑADO, JOVEN, ¡NNO NNO NNO!
¡PORQUE AHORA QUIERO DENUNCIAR NO **UNO**, SINO **DOS** CASOS DE DISCRIMINACIÓN, PARANOICO INTOLERANTE!

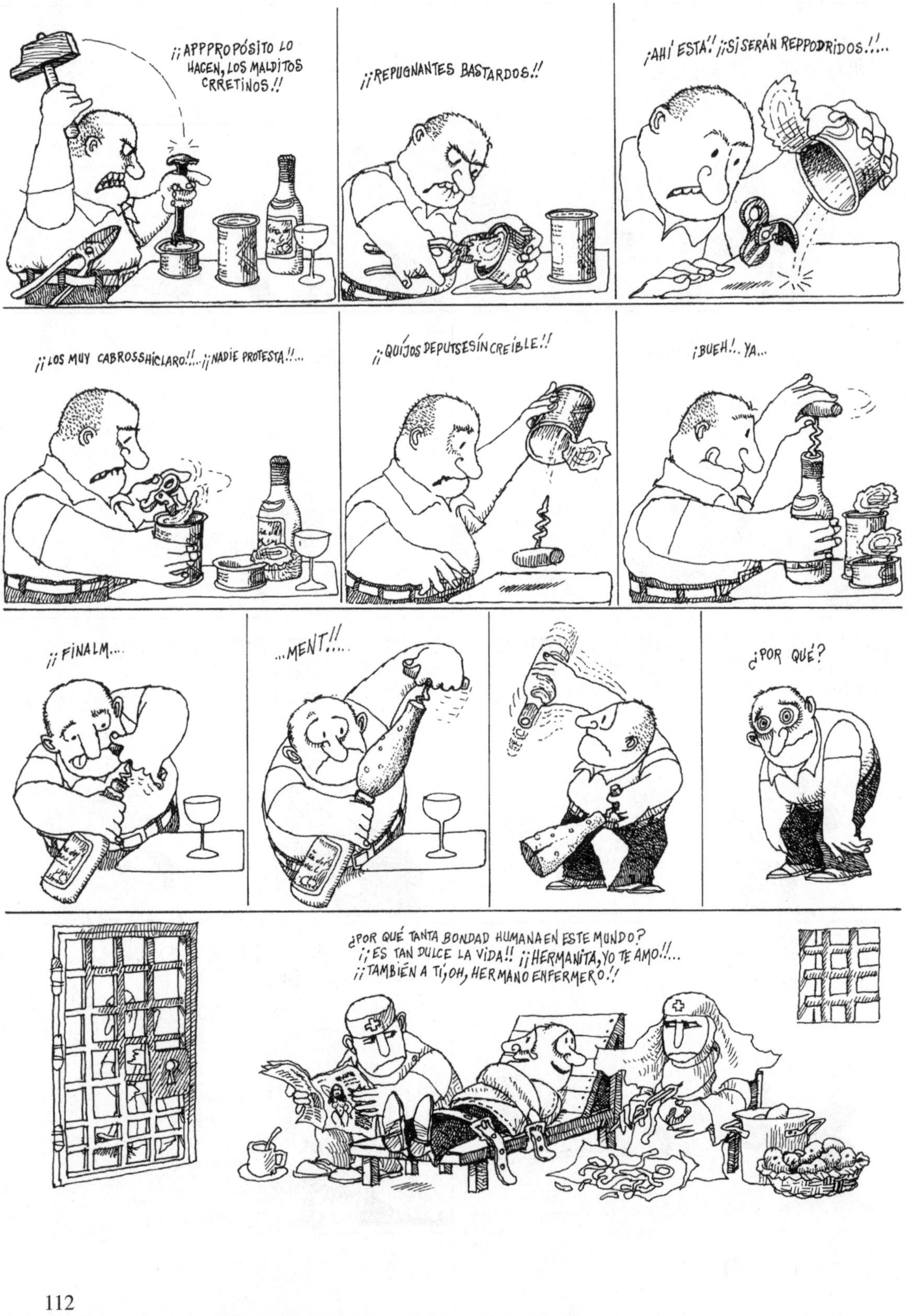
¡¡APPPROPÓSITO LO HACEN, LOS MALDITOS CRRETINOS!!
¡¡REPUGNANTES BASTARDOS!!
¡AHÍ ESTÁ! ¡¡SI SERÁN REPPODRIDOS!!...
¡¡LOS MUY CABROSSHICLARO!!... ¡¡NADIE PROTESTA!!...
¡¡QUÍJOS DEPUTSESÍNCREÍBLE!!
¡BUEH!.. YA...
¡¡FINALM...
...MENT!!...
¿POR QUÉ?
¿POR QUÉ TANTA BONDAD HUMANA EN ESTE MUNDO?
¡¡ES TAN DULCE LA VIDA!! ¡¡HERMANITA, YO TE AMO!!...
¡¡TAMBIÉN A TÍ, OH, HERMANO ENFERMERO!!

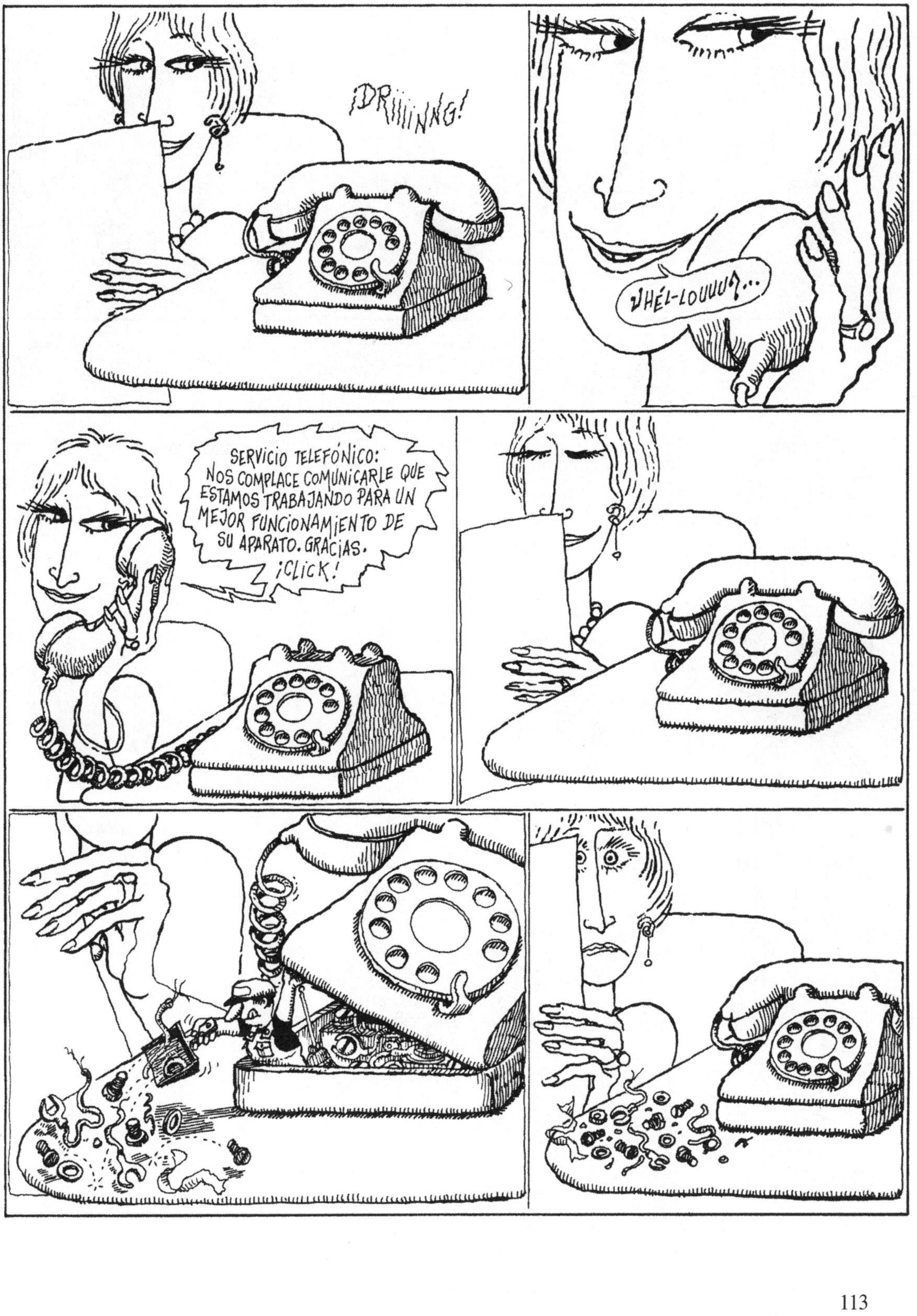
¡DRIIIINNG!
¿HÉL-LOUUU?...
SERVICIO TELEFÓNICO: NOS COMPLACE COMUNICARLE QUE ESTAMOS TRABAJANDO PARA UN MEJOR FUNCIONAMIENTO DE SU APARATO. GRACIAS. ¡CLICK!

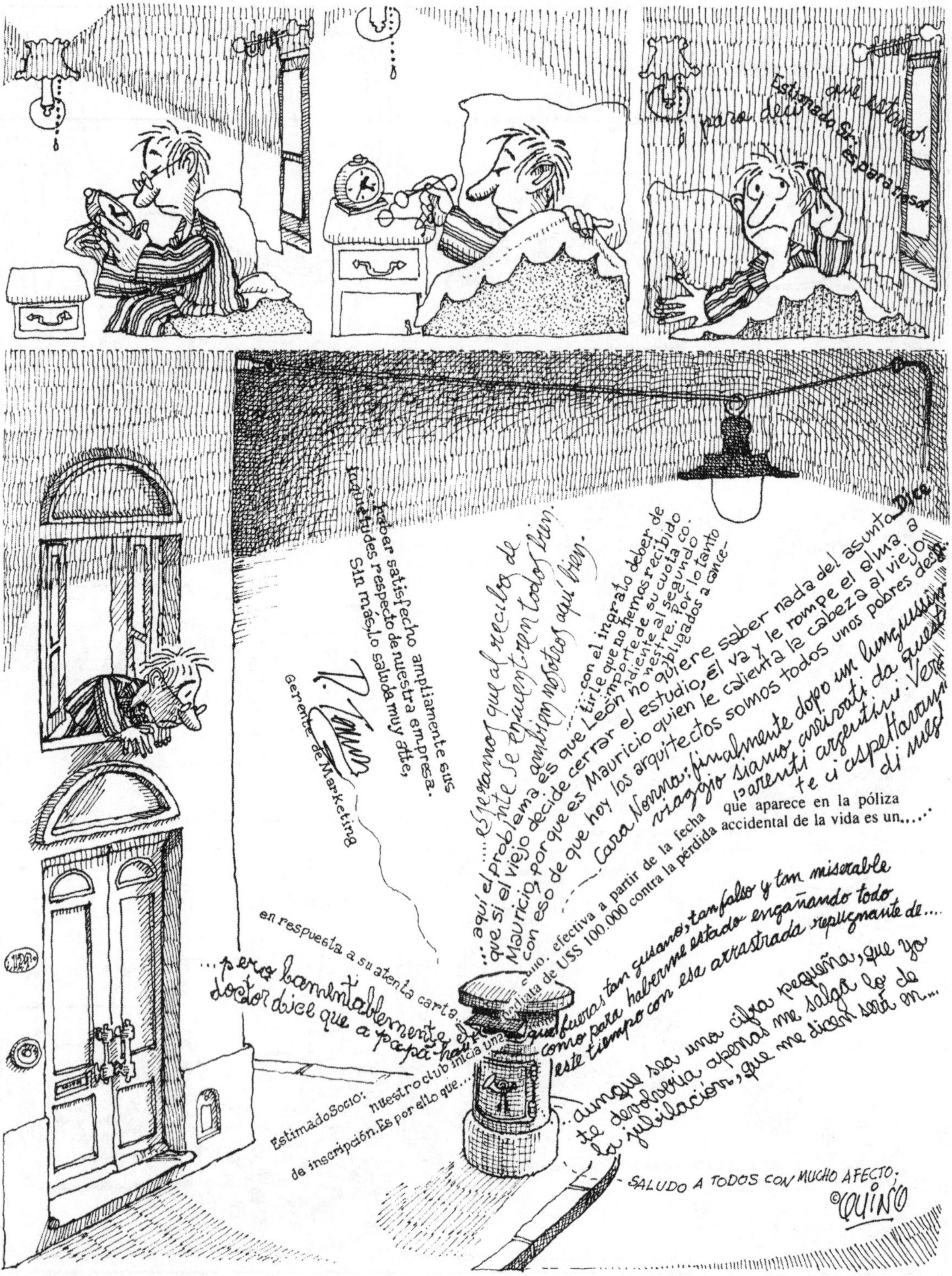

Estimado Sr:
para decir que estamos
es para nosotros
…haber satisfecho ampliamente sus inquietudes respecto de nuestra empresa. Sin más, lo saluda muy atte,
Gerente de Marketing
…esperamos que al recibo de la presente se encuentren todos bien.
nosotros aquí bien.
…con el ingrato deber de
…tirle que no hemos recibido
…importe de su cuota co-
…ndiente al segundo
…nestre. Por lo tanto
…obligados a cance-
…aquí el problema es que León no quiere saber nada del asunto. Dice
que si el viejo decide cerrar el estudio, él va y le rompe el alma a
Mauricio, porque es Mauricio quien le calienta la cabeza al viejo
con eso de que hoy los arquitectos somos todos unos pobres des…
Cara Norma: finalmente dopo un lunghissimo
viaggio siamo arrivati da questi
parenti argentini. Vera…
te ci aspettavamo
di mes…
Estimado Socio:
nuestro club inicia una
de inscripción. Es por ello que…
…efectiva a partir de la fecha que aparece en la póliza
de US$ 100.000 contra la pérdida accidental de la vida es un…..
en respuesta a su atenta carta,
…pero lamentablemente el
doctor dice que a papá hay
…que fueras tan gusano, tan falso y tan miserable
como para haberme estado engañando todo
este tiempo con esa arrastrada repugnante de….
…aunque sea una cifra pequeña, que yo
te devolvería apenas me salga lo de
la jubilación, que me dicen será en…
SALUDO A TODOS CON MUCHO AFECTO.
©QUINO

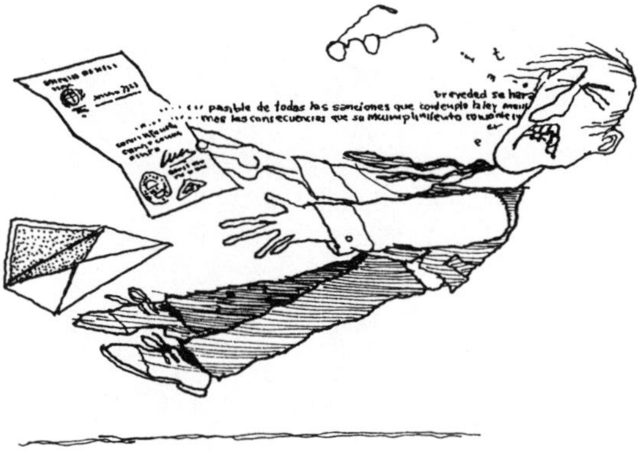
breveded se hara
pasible de todas las sanciones que contempla la ley
las consecuencias que su incumplimiento

Joaquín Lavado nació el 17 de julio de 1932 en Mendoza (Argentina) en el seno de una familia de emigrantes andaluces. Descubrió su vocación como dibujante a los tres años. Por esas fechas ya lo empezaron a llamar **Quino**. En 1954 publica su primera página de chistes en el semanario bonaerense *Esto Es*. En 1964, su personaje Mafalda comienza a aparecer con regularidad en el semanario *Primera Plana*. El éxito de sus historietas le brinda la oportunidad de publicar en el diario nacional *El Mundo* y será el detonante del boom editorial que se extenderá por todos los países de lengua castellana. Tras la desaparición de *El Mundo* y un año de ausencia, Mafalda regresa a la prensa en 1968 gracias al semanario *Siete Días* y en 1970 llega a España de la mano de Esther Tusquets y de la editorial Lumen. En 1973, Mafalda y sus amigos se despiden para siempre de sus lectores. En México, Lumen ha publicado los doce tomos recopilatorios de viñetas de *Mafalda*, y también en un único volumen —*Mafalda. Todas las tiras*—. En 2019 vio la luz la recopilación en torno al feminismo *Mafalda. Femenino singular*; en 2020, *Mafalda. En esta familia no hay jefes*; en 2022, *El amor según Mafalda*; en 2021, *La filosofía de Mafalda* y en 2024 se publicará *Mafalda presidenta*. También han aparecido en Lumen los dieciséis libros de viñetas humorísticas del dibujante, entre los que destacan *Mundo Quino* (2014), *Quinoterapia* (2015) y *Simplemente Quino* (2016).

Quino ha logrado tener una gran repercusión en todo el mundo, se han instalado esculturas de Mafalda en Buenos Aires, Oviedo y Mendoza, sus libros han sido traducidos a más de veinte lenguas y dialectos (los más recientes son el armenio, el búlgaro, el hebreo, el polaco y el guaraní), y ha sido galardonado con premios tan prestigiosos como el Príncipe de Asturias de Comunicación y Humanidades y el B'nai B'rith de Derechos Humanos. Quino murió en Mendoza el 30 de septiembre de 2020.

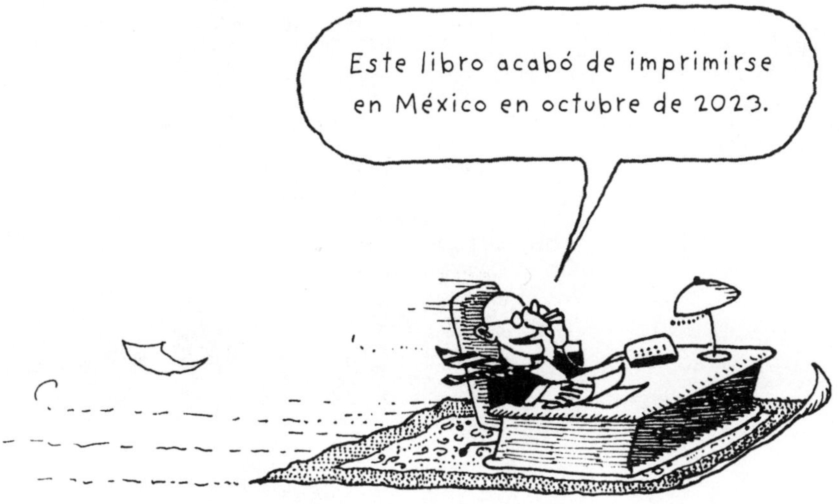
Este libro acabó de imprimirse en México en octubre de 2023.

Quino inédito de Quino
se terminó de imprimir en octubre de 2023
en los talleres de
Litográfica Ingramex S.A. de C.V.,
Centeno 162-1, Col. Granjas Esmeralda, C.P. 09810,
Ciudad de México.